Stephan Grünewald

Wie tickt Deutschland?

Stephan Grünewald

Wie tickt Deutschland?

Psychologie einer aufgewühlten Gesellschaft

Kiepenheuer & Witsch

MIX
Papier aus verantwortungsvollen Quellen
FSC® C014496
www.fsc.org

Verlag Kiepenheuer & Witsch, FSC® N001512

2. Auflage 2019

Umschlaggestaltung Barbara Thoben, Köln
Umschlagmotiv © iStock.com/Lyudinka
Innentypografie Alina Martin, Stuttgart
Autorenfoto © Maya Claussen
Gesetzt aus der Kandal Book und der DIN 1451 Std
Satz Buch-Werkstatt GmbH, Bad Aibling
Druck und Bindung GGP Media GmbH, Pößneck

ISBN 978-3-462-05244-2

Inhalt

Der Alltag und der Preis der Allmacht

Die Zeit des Erwachens

Vorwort

Gefühlte und gemessene Realität

Deutschland befindet sich in einem aufgewühlten seelischen Zustand. Vielen Menschen geht es zwar gut, und sie erleben ihr Land als Insel des Wohlstands in einer Welt krisenhafter Umbrüche. Dennoch rumort es: Das Vertrauen vieler Menschen in die Politik und vor allem in die Volksparteien schwindet. Unzufriedenheit, blanke Wut und Hass artikulieren sich nicht nur in den sozialen Netzwerken. Sie brechen auch im Alltag immer wieder hervor und manifestieren sich in Pöbeleien, Beleidigungen, tätlichen Angriffen oder in Hetzjagden auf Flüchtlinge oder Andersdenkende.

Aber auch die Menschen, die besonnen ihren Alltag gestalten, spüren eine zunehmende Irritation und Gereiztheit. Irgendetwas ist anders geworden in unserem Land. Feste Gewissheiten lösen sich auf. Die Konstruktion unserer Gesellschaft scheint immer fragiler zu werden – so als würde ständig aus einem aus vielen Bauklötzen stabil geschichteten Turm ein Klötzchen nach dem anderen herausgezogen werden. Und mit banger Erwartung sieht man dem Einsturz entgegen.

Schon jetzt ist der soziale Zusammenhalt gefährdet, und radikale Parteien sind auf dem Vormarsch. Die Gesellschaft droht sich in Rechte und Linke, Heimatverbundene und Weltoffene, Bürger und Eliten zu spalten, in der keine Gruppe mehr für die jeweils andere Verständnis hat. Ein gemeinsamer Aufbruchsgeist, eine einigende Zielperspektive, ist in der Bevölkerung heute ebenso wenig zu finden wie bei der Nationalmannschaft bei der WM 2018. Immer mehr Bürger verlieren den Glauben an die Zukunft. Es bleibt ein Gefühl, dass eigentlich alles nur schlimmer werden kann und sich dieser Prozess allenfalls verlangsamen lässt. Irgendwann schwappen jedoch all die Krisen, die uns umbranden, in unser Auenland hinein.

Blickt man rational auf die Faktenlage, so eröffnet sich eine große Diskrepanz zwischen gefühlter und gemessener Realität. Deutschland geht es wirtschaftlich so gut wie seit Jahrzehnten nicht mehr. Experten sprechen gar von einem kleinen Wirtschaftswunder. Die Arbeitslosigkeit steht auf einem historischen Tiefststand. Das Gesundheitssystem ist im Vergleich immer noch eines der besten der Welt, und die Lebenserwartung der Menschen war noch nie so hoch wie heute. Die Bürokratie funktioniert trotz all ihrer Mängel noch erstaunlich gut, und selbst das Bildungsniveau ist höher denn je. Entspringt also die Aufgewühltheit der Menschen vor allem ihrer Einbildung? Fußt der landläufige Pessimismus auf einem evolutionsbedingten Wahrnehmungsfehler, da die Überlebenschancen derjenigen am größten sind, die ständig mit dem Schlimmsten rechnen? Oder verzerren die Medien systematisch unsere Sicht auf die Welt, weil sie den durch das Internet immer schneller werdenden Kampf um die mediale Aufmerksamkeit mittels eines Trommelfeuers von Skandalen, Katastrophen und Verbrechen für sich gewinnen wollen?

Sicher bestimmen diese Mechanismen mit, wie die Menschen ihre Wirklichkeit wahrnehmen. Sie waren jedoch bereits vor zehn Jahren da und können nicht die spezifische seelische Verfassung des Deutschlands von heute erklären. Auch der Verweis auf den faktisch guten Zustand des Landes relativiert oder negiert aus psychologischer Sicht nicht die emotionale Befindlichkeit seiner Einwohner. Unzufriedenheit, Gereiztheit, Wut oder Angstzustände finden sich auch bei Menschen, die äußerlich betrachtet auf der Sonnenseite des Lebens stehen und weder finanzielle noch gesundheitliche Sorgen haben.

Deutschland auf der Psychologencouch

Um zu verstehen, was mit dem Land und den Menschen eigentlich los ist, möchte ich wie in meinen Büchern »Deutschland auf der Couch« und »Die erschöpfte Gesellschaft« tiefer gehen. Als Leiter des rheingold-Instituts erfahre ich, was die Menschen in Deutschland wirklich bewegt: Jedes Jahr liegen im Rahmen von über 200 Forschungsprojekten insgesamt mehr als 5000 Menschen aller Alters- und Bevölkerungsschichten in unserem Institut sinnbildlich auf der Psychologencouch. Statt auf quantitativ-statistische Befragungen stütze ich mich auf psychologische Tiefeninterviews, die meine Kollegen in den vergangenen Jahren und Monaten für öffentliche Auftraggeber, für Stiftungen, für die Medien oder für die Industrie durchgeführt haben.

In diesen zweistündigen psychologischen Tiefeninterviews wird Bürgern, Wählern, Zuschauern oder Konsumenten die Möglichkeit gegeben, in einer vertrauensvollen Atmosphäre all das zu beschreiben, was ihnen im Hinblick auf das jeweilige Forschungsthema einfällt und durch den Kopf geht. Dabei wird den Befragten Anonymität und absolute Gedankenfreiheit zugesichert. Es gibt im Tiefeninterview kein Richtig oder Falsch, kein Gut oder Böse. Alles, sei es auch noch so persönlich, abstrus, verrückt oder pervers, darf zur Sprache kommen.

Es geht den Psychologen nicht darum, das Gesagte zu bewerten, sondern den tieferen Sinn der Ausführungen zu verstehen. Daher werden im Tiefeninterview auch möglichst wenige Fragen gestellt. Denn jede Frage gibt eine Richtung vor und lenkt dadurch auch indirekt die Antwort. Wichtiger ist es, den Menschen immer wieder zu ermuntern, das gerade Gesagte noch genauer zu beschreiben. Das persönliche Erleben, die Sehnsüchte oder Ängste, die geheimen Hoffnungen und Erwartungen ebenso wie die Widerstände und Bedenken sollen spürbar und anschaulich werden. Dieser Prozess braucht Zeit – mindestens zwei Stunden – und eine anschließende sorgfältige und mehrstündige Analyse jedes einzelnen Interviews[1]. Niemand weiß sogleich, was ihn wirklich bewegt, was die Quellen seines Unmuts oder seiner Wut sind. Oft verschanzen wir uns erst einmal hinter Rationalisierungen, hinter Plattitüden oder sozial erwünschten Aussagen. Und erst im Verlauf eines Tiefeninterviews wird ein Erkenntnisprozess in Gang gesetzt, indem sich der Proband durch die minutiöse Beschreibung seines Alltags und seiner Gefühlswelten langsam auf die Schliche kommt und Regungen oder Verhaltensweisen versteht, die ihm bislang gar nicht bewusst waren.

Ich möchte Sie in den folgenden Kapiteln zu einer gemeinsamen Forschungsreise einladen, um den Quellen der Unzufriedenheit, der inneren Aufgewühltheit und der Wut in der Bevölkerung nachzuspüren. Auf zwei Dinge möchte ich im Vorfeld der Reise aufmerksam machen. Die beschriebenen Stimmungen lassen sich erstens nicht allein einzelnen Bevölkerungsgruppen zuweisen, sondern sie gehen quer durch die ganze Gesellschaft. Vielleicht artikulieren sie sich in Ostdeutschland oder bei den Anhängern radikaler Parteien wie der AfD stärker als im Rest der Gesellschaft, aber sie finden sich auch in der breiten Mitte. Die Menschen spüren, dass sich das Land in einem gewaltigen Umbruch mit ungewissem Ausgang befindet. Um diese den Einzelnen übergreifenden Stimmungen und Verhältnisse zum Ausdruck zu bringen, spreche ich in meinen Beschreibungen und Analysen häufig von »wir« und von »uns« als Gesellschaft.

Die Aufgewühltheit der Gesellschaft lässt sich zweitens nicht auf *eine* Ursache wie etwa die Flüchtlingskrise zurückführen, die laut Horst Seehofer »die Mutter aller Probleme« ist. Schon vorher führte ein verbreitetes Unbehagen und eine diffuse Zukunftsangst zu einer Sehnsucht nach einer permanenten Gegenwart und zu dem Wunsch nach einer stärkeren Abschottung. Die Große Koalition wurde zum Sinnbild einer Gesellschaft, die lange Zeit nicht auf Aufbruch und Entwicklung gesetzt hat, sondern sich in einer saturierten Vollkaskomentalität verschanzt und sich in einem nervenden Dauergezänk aufgerieben hat.

Gesellschaft und Alltag – die Stationen der Forschungsreise

Im ersten Teil des Buches werde ich die wachsende Ohnmacht und Wut im deutschen Auenland beleuchten. Hier geht es vor allem um das heimliche Stillhalteabkommen, das die Bürger mit der Politik und der Übermutter Merkel geschlossen haben und das jetzt aufgekündigt wird. Und um den eklatanten Mangel an Wertschätzung auf allen gesellschaftlichen Ebenen, der zum Spaltpilz des Zusammenhaltes wird. Schließlich werde ich beschreiben, wie die Menschen – aber auch die Politik – in den vergangenen Jahren die Orientierung und den inneren Kompass verloren haben und in einen Zustand entfesselter Beliebigkeit geraten sind, in dem die Lüge mitunter tragfähiger wirkt als die Wahrheit.

Die Quellen der Wut und der Aufgewühltheit liegen auch im Alltag der Menschen, der sich in den vergangenen zehn Jahren gravierend verändert hat und den ich im zweiten Teil des Buches beschreibe. Die technologischen Entwicklungen, allem voran die Erfindung des Smartphones, haben nicht nur in Deutschland zu übersteigerten Erwartungen und zu einem digitalen Machbarkeitswahn geführt. Viele Menschen fühlen sich mit dem Smartphone potenziell allmächtig und allwissend, denn mit ihm ist die Verheißung verbunden, auf Knopfdruck oder im simplen Handstreich den Alltag beherrschen zu können. Aber diese kindliche Verheißung wird angesichts der Komplexität des Lebens und der Mühseligkeit des analogen Alltags immer wieder enttäuscht. Die digitale Allmacht verkehrt sich im Alltag immer wieder in analoge Ohnmacht.

Und diese zeigt sich im Alltag in vielen Erscheinungsformen, die ich im Buch beschreibe: in der Rollendiffusion und der unterdrückten Wut der gezähmten Männer, die mitunter von einem Rollback zur alten Männlichkeit träumen. In den multiplen Perfektionsansprüchen der Mütter, die häufig in die Überbelastung und Erschöpfung führen. Oder in der Kindheit und Jugend in einem brüchigen Versorgungsparadies, das ständig von Streit und Trennung bedroht wird und in dem bereits Kinder unter einem enormen Erwartungsdruck stehen, entweder bereits mit zwanzig Jahren Start-up-Millionär beziehungsweise Superstar zu sein oder als Versager dazustehen.

Aber die Aufgewühltheit der Menschen hat auch ihre produktiven Seiten. Wir befinden uns in einem Zustand des Erwachens. Aufgestört durch die eigene Unduldsamkeit und Wut im Alltag, aber auch aufgeschreckt durch den Brexit, den Terror, durch Trump oder Erdoğan wächst die Bereitschaft der Menschen, die Zukunft aktiv zu gestalten. Die Gesellschaft steht an einem Scheideweg, und es ist unklar, in welche Richtung sie sich entwickelt. Steuern wir auf einen neuen Fundamentalismus zu, der überwunden geglaubte Formen des Nationalismus und der kollektiven Besessenheit auferstehen lässt und dabei zivilisatorische Standards schleift? Oder gelingt es uns, Deutschland so umzugestalten, dass zivilisatorische Errungenschaften wie Freiheit, Sicherheit, Gerechtigkeit, universelle Menschenrechte, Weltoffenheit und Toleranz eine neue Blüte erfahren und wir bessere Lebensbedingungen für die Menschen nicht nur in unserem Land schaffen?

Mein Buch plädiert für ein Erwachen mit menschlichem Maß. Zivilisation bewegt sich in meinen Augen jenseits aller Erlösungsutopien, Perfektionsversprechen und Glücksabsolutismen. Zivilisation bedeutet erwachsen zu werden, Widersprüche auszuhalten und auszugestalten, Perspektivwechsel vorzunehmen und das Risiko eines Scheiterns zu ertragen. Zivilisation bedeutet auch Mut zum Kompromiss. An die Stelle von überbordendem Egoismus und Nationalismus – wie er sich zum Beispiel in der Parole »America first« darstellt – tritt der Blick und die Verantwortung für das Ganze, die Entschiedenheit, die nicht blind ist, und eine Streitkultur, die nicht nach Durchsetzung aller Ziele, sondern nach einem lebbaren Kompromiss für die Zukunft sucht. Solch eine lebenswerte Zukunftsvision »erwächst« jedoch nur, wenn wir uns als Einzelne und als Gesellschaft Entwicklungsspielräume erlauben.

Jenseits der besinnungslosen Betriebsamkeit unseres Effizienzstrebens brauchen wir Dehnungsfugen und eine schöpferische Verrücktheit – die innere Freiheit für einen neuen Gesellschaftsentwurf.

Ohnmacht und Wut im deutschen Auenland

1

Gefangen im Auenland

Rundumversorgung und Verratsargwohn

Auenland und Grauenland

In Deutschland war es lange Zeit relativ ruhig. Der Zusammenhalt in der Gesellschaft schien bis zur Flüchtlingskrise im Jahre 2015 nicht gefährdet. Diese vordergründige Stabilität war einerseits im wirtschaftlichen Erfolg Deutschlands begründet, andererseits – wie ich später ausführen werde – in der Gestalt der Kanzlerin, die seit Jahren als »Mutter Merkel« bezeichnet wird. Vor allem mit Blick auf die krisengeschüttelten Nachbarn im Süden Europas erschien den meisten Menschen hierzulande Deutschland als eine Insel des Wohlstandes. Die Arbeitslosigkeit erreichte über Jahre immer wieder neue Tiefststände, die Wirtschaft florierte, Deutschland feierte sich als Reiseweltmeister, als Exportweltmeister und in den Jahren 2014 bis 2018 als Fußballweltmeister.

Auch nach der Flüchtlingskrise und nach den Terrorattacken beschreiben viele Menschen ihre Zufriedenheit. Zwar äußern sie auch Kritik an vielen Zuständen, aber diese trübt kaum das Grundgefühl, in einem Auenland zu leben. Noch im Frühjahr des Jahres 2017 berichten unsere Psychologen, die eine Studie über die Stimmung im Lande durchführen[2], dass sie lange nicht mehr so gut gelaunte Probanden erlebt hätten. Freudig breiten die Menschen ihre persönliche Lage aus: Die meisten sind sehr froh über den eigenen stabilen Alltag. Sie erzählen von privaten Projekten oder kleinen Glücksmomenten in der Familie oder im Freundeskreis. Voller Vorfreude ersehnen sie den nahenden Sommer, sie heimwerken mit Elan, verschönern ihr Heim oder erfreuen sich an den blühenden Stiefmütterchen im Garten.

Die Welt da draußen mit ihren Krisen und Konflikten scheint diese Stimmung kaum zu trüben. Demonstrativ bekunden die Interviewten, dass sie sich von Krieg und Terror nicht einschränken lassen: »Ich mache trotzdem, was mir gefällt.« Und immer wieder betonen sie: »Ja, eigentlich geht es uns ja gut. Wir sind ein Land voller Wohlstand.« Vor allem beim täglichen oder wöchentlichen Einkauf freuen sich die Menschen, wie prall die Regale gefüllt sind und wie einladend mittlerweile selbst die Discounter aussehen. Die farbenprächtige Obst-und-Gemüse-Abteilung, die überbordende Fleisch- oder Käsetheke, die internationalen Spezialitäten und die breitgefächerten Sortimente werden so für manche Konsumenten zur rituellen Versicherung, dass die paradiesischen Zustände doch immer noch da und zum Greifen nahe sind. Angesichts dieser stabilen Warenbestände und der weiterhin beruhigenden wirtschaftlichen Kennzahlen gelingt es vielen Menschen, in ihren

Eigenwelten aufzugehen und sich weitgehend in ihr privates Auenland zurückzuziehen.

Aber die Psychologen bemerken in den Tiefeninterviews auch die Anstrengung, die diese Beschwörung des privaten Glücks erfordert. Ständig muss die Welt da draußen weggehalten werden. »Manchmal traue ich mich gar nicht, die Nachrichten einzuschalten, weil man dann wieder mit der nächsten Katastrophe oder Krise konfrontiert wird.« Die Menschen spüren, dass die Welt aus den Fugen gerät. Aber das versuchen sie auszublenden, indem sie die Welt aufspalten.

Jenseits des privaten Auenlands liegt das Grauenland. Eine finstere und bedrohliche Welt der Globalisierung, des Terrors, der Digitalisierung, des Islamismus und des Kriegs. Dort treiben Despoten ihr Unwesen, dort lauern unkalkulierbare und riskante Entwicklungen. Das Grauenland ist eine Welt, die man in ihrer Komplexität nicht versteht und deren Unberechenbarkeit Angst macht. Am besten verschließt man die Augen vor dieser Welt, denn glücklich ist, wer vergisst, was (scheinbar) nicht zu ändern ist.

Diese Aufspaltung der Wirklichkeit in ein Auenland und ein Grauenland gibt den Menschen das beruhigende Gefühl, Herr über Raum und Zeit sein zu können, ohne dabei die Existenz höchst beunruhigender Entwicklungen leugnen zu müssen. Demzufolge ist Deutschland umzingelt von Krisenherden, von Pleitestaaten oder Terrorländern. Aber den Deutschen droht keine Gefahr, solange sie ihr Auenland davon abschotten können.

Mit dieser Grenzziehung ist die Sehnsucht nach einer permanenten Gegenwart verbunden. Natürlich wissen wir, dass sich die Zeiten ändern können, dass irgendwann die globalen Krisen auch uns erreichen werden. Aber können wir die Zeit nicht anhalten und einfrieren? Können wir die Zukunft nicht einfach aus unserer Vorstellungswelt verbannen und uns in einem möglichst immerwährenden Status quo einrichten? Das hätte doch den großen Vorteil, dass uns all die Ungewissheiten und Wechselfälle des Lebens erspart blieben. Wir hätten dann wirklich eine Art Daseinskontrolle und müssten uns nicht mehr den Risiken der Zukunft stellen.

Die Zeit des Erwachens

Die Abschottung Deutschlands von der Welt da draußen soll aber nach Meinung der Bürger nicht total sein. Als wichtigster Wirtschaftsstandort inmitten Europas braucht Deutschland eine gewisse Offenheit und Durchlässigkeit und sollte idealiter eine Art »Goretex-Republik« sein. Das Land sollte nach dem Prinzip einer semipermeablen Membran funktionieren, wie sie etwa in der gleichnamigen Regenkleidung zum Einsatz kommt: Das Gute, die Menschen und Produkte aus dem deutschen

Auenland, sollen nach außen dringen können und uns weiterhin zum Reise- und Exportweltmeister machen. Aber das Flüchtige, das Marode, das Krisenhafte soll bitte draußen im Grauenland bleiben.

Allerdings haben die Menschen in den vergangenen Jahren immer wieder unvermittelt die kränkende Umkehrung der Semipermeabilität erlebt. Auf der einen Seite dringt nun vor allem durch den Dieselskandal das Schlechte und Betrügerische aus unserem Land nach außen. Auf der anderen Seite kommt seit dem Herbst 2015 mit den Flüchtlingen die Globalisierung und das Elend der Welt in das deutsche Auenland. Die Menschen erleben, dass die Membran in beide Richtungen durchlässig wird. Der Lkw, der im Dezember 2016 in den Berliner Weihnachtsmarkt an der Gedächtniskirche raste, wurde zum traurigen Sinnbild für den jederzeit drohenden Einbruch des Grauenlandes in das Auenland.

Trotzdem halten viele Menschen unbewusst an der Aufspaltung der Welt fest. Das private Idyll wird mühsam und beinahe trotzig gedanklich wiederhergestellt, sobald es wieder einmal zu entgleiten droht. Wir befinden uns gerade in einer höchst sensiblen Übergangsphase, die man als »Zeit des Erwachens« beschreiben kann und die durch einen ständigen Wechsel zwischen Dämmerzustand und Realitätszuwendung charakterisiert ist. So beschreiben viele Bürger in den Tiefeninterviews eine erhöhte Wachsamkeit in ihrem Alltag. Sie fürchten, dass jederzeit etwas Schlimmes passieren könnte. So achten sie auf herrenlos herumstehende Koffer oder machen einen Bogen um Ansammlungen junger Männer. Viele Menschen berichten auch, dass sie sich wieder häufiger und ausgiebiger über politische Entwicklungen informieren. Sie schauen wieder die Tagesschau oder andere Nachrichtensendungen und gucken hin und wieder in die Tageszeitung. Mehrmals täglich checken sie zumindest kurz bei Spiegel Online oder anderen Seiten im Internet, ob nicht was Wichtiges geschehen ist. Häufig beschreiben sie auch, dass in den Familien und im Kollegenkreis neuerdings wieder über Politik diskutiert wird. Aufgeschreckt durch überraschende Ereignisse wie den Brexit oder die Wahl Donald Trumps zum amerikanischen Präsidenten, bekunden vor allem viele junge Menschen ihre Bereitschaft, bei der nächsten Wahl wählen zu gehen. Und einige betonen stolz, dass sie sich in den vergangenen Monaten bereits aktiv politisch betätigt haben.

Aber trotz dieser Phasen des Erwachens fallen viele Menschen immer wieder in den wohligen und dämmrigen Auenland-Zustand zurück. Sie versuchen die Zukunft weiterhin abzuwehren. Vor allem dann, wenn wie im Sommer 2018 der Dauerstreit über die Migrationspolitik die Große Koalition zu sprengen droht, verstärkt sich bei vielen Menschen wieder die Sehnsucht nach Stabilität. Selbst manche Wähler, die eine deutliche Distanz zu Angela Merkel aufgebaut haben, sind unterschwellig doch froh, dass die Streithähne Seehofer und Merkel sich im letzten Moment doch noch geeinigt haben und sich die Regierung über den Sommer retten konnte.

Die Kanzlerin Angela Merkel versprach lange Zeit vor allem durch ihre ruhige und besonnene Art, durch ihr Durchhaltevermögen und ihre Strategie, Konflikte zu vermeiden, den Erhalt des vertrauten Auenlands. Die in den Augen der Wähler radikalste Oppositionspartei, die AfD, strebt hingegen die Restauration des Auenlandes an. Die AfD betont, dass Deutschland zu offen, zu lasch und zu passiv geworden ist. Es soll härter werden und sich viel rigider abschotten. Grenzen sollen geschlossen und Flüchtlinge abgewiesen werden, damit außen und innen die Kontrolle gewahrt werden kann. Statt einer Zukunftsvision propagiert die AfD letztlich eine Rolle rückwärts in eine vermeintlich bessere Vergangenheit, in der es im Auenland noch die gute alte Deutsche Mark gab und nicht so viele Fremde.

Zukunftsangst – wer ist die bessere Mutter?

Die Aufspaltung der Welt in ein Auenland und ein Grauenland ist entwicklungsfeindlich. Denn die Vergangenheit und die Gegenwart werden als paradiesisch idealisiert, sie sollen für immer konserviert werden. Die

Zukunft und die Welt da draußen werden allein als zerstörerische Bedrohung gesehen und nicht als Chance für eine sinnvolle Umgestaltung und Verwandlung der Welt. Deutschland hat keinen Masterplan für die eigene Zukunft – und diese Bild- und Visionslosigkeit verstärkt wiederum die Zukunftsangst.

Denn nichts ist kränkender für den Menschen als ein bildloser Zustand, weil er ihn ohnmächtig und handlungsunfähig macht und den eigenen Schreckgespenstern und Daseinsängsten Raum gibt. Wer hingegen das Vorstellungsbild hat, den Seeweg nach Indien entdecken zu können, der schafft es sogar bis Amerika. Wer kein Zukunftsbild hat, will um jeden Preis die Bilder der Vergangenheit bewahren. Deutschland ist es seit der Jahrtausendwende gelungen, den Status quo zu bewahren, aber nicht, eine gemeinsame Vision zu entwickeln, die Zuversicht und Wagemut verspricht.

Die Frage, ob man bereit ist, sich aus dem angestammten Auenland in eine ungewisse Zukunft aufzumachen, behandelt das vielleicht bekannteste deutsche Märchen, Hänsel und Gretel. Es hat in seiner Sinnbildlichkeit eine erstaunliche Aktualität. Die Geschwister Hänsel und Gretel leben mit ihrem Vater, einem Holzfäller, und einer auf den ersten Blick bösen Stiefmutter vor einem großen Wald. Als die Zeiten schlechter werden, vertreibt sie die Stiefmutter gegen den anfänglichen Widerstand des Vaters in die raue Wildnis des Lebens.

Aber die Kinder wollen keinen Aufbruch ins Ungewisse, und ihnen gelingt trickreich die unverzügliche Rückkehr in die alten Versorgungsverhältnisse. Sie lassen unterwegs kleine Kieselsteine fallen, die ihnen im Mondlicht den Weg nach Hause weisen. Als sie das nächste Mal von der Stiefmutter weggeschickt werden, funktioniert diese Strategie nicht mehr, denn das Brot, das sie nun streuen, wird von Vögeln gefressen. Ein Vogel aber führt die beiden zu einem Knusperhäuschen. Statt in die Fremde geraten sie in ein neues Versorgungsparadies, ein potenziertes Auenland. »Das Hexenhäuschen ist eine Wiederholung des Hauses, in dem wir uns gerne aufhalten und aus dem wir nicht heraus wollen – es ist das alte noch einmal, nur noch schöner, noch bequemer, noch verlockender.«[3]

Hier geraten sie an eine Übermutter, die auf den ersten Blick freundlich und zugewandt ist. Im Knusperhäuschen wird ihnen jeder Wunsch erfüllt, und es gibt alles im Überfluss. Das Märchen stellt implizit die Frage, wer eigentlich die bessere Mutter ist: die Stiefmutter, die uns vieles abverlangt und zumutet und die uns auf eine ungewisse und riskante Reise schickt, oder die Übermutter, die uns rundum versorgt und (Wahl-)Geschenke verteilt. Im Märchen entpuppt sich die Übermutter als Hexe, die die Kinder buchstäblich zum Fressen gern hat und ihnen vieles abnimmt – am Ende aber selbst ihre Entwicklung. Das vermeintliche Versorgungsparadies erweist sich als tödliches Gefängnis. In diesem goldenen Käfig werden die Kinder verbacken und verbraten. Zukunft und Entwicklung finden erst wieder statt, als sich die Kinder von der Übermutter und ihrem Versorgungsparadies befreien und bereit sind, sich auf einen eigenen Weg zu machen.

Oft vergessen wird der Schlussteil der Märchenerzählung, der Mut zum Neuanfang fordert. Die Kinder begeben sich am Ende auf eine ungewisse Reise. Sie müssen sich sogar trennen, damit eine Ente sie über ein Gewässer tragen kann. Aber durch diese Risikobereitschaft und ihren Wagemut finden sie schließlich eine neue Heimat.

Mutter Merkel – Liebe und Verrat

Auch Angela Merkel wurde lange Zeit von vielen Wählern als Übermutter wahrgenommen, bis sie dann nach der Flüchtlingskrise 2015 von Teilen der Wähler als böse Stiefmutter gesehen wurde, die das Land verrät und die eigenen Kinder aus dem Paradies vertreibt. Zuvor wurde die Kanzlerin jedoch von den Wählern als eine Art Ruheengel verehrt, der wie kein anderer Politiker für Stabilität und Beständigkeit stand. Aufbruch, Visionen und Revisionen wurden und werden mit der Kanzlerin nicht verbunden. Im Gegensatz zu ihren männlichen

Herausforderern Peer Steinbrück im Jahre 2013 und Martin Schulz im Jahre 2017, die oft als unberechenbar und selbstbezüglich erlebt wurden, wirkt Angela Merkel über alle Maße treu. Die Wähler beschreiben sie immer wieder als eine fürsorgliche Gestalt, die keine persönlichen Leidenschaften oder Hobbys hat, die uneitel ist und frei von modischen Avancen. Die Menschen haben das Gefühl, dass sie sich wie eine fürsorgliche Mutter ganz in den Dienst ihrer Bürger stellt.[4]

Mutter Merkels Treue und Beständigkeit übten jahrelang eine überaus beruhigende Wirkung auf viele Bürger aus. Selbst viele Wähler, die nicht für sie votierten, vertrauten ihr insgeheim. Die Kanzlerin avancierte daher über viele Jahre zur beliebtesten Politikerin. Die Wähler schlossen eine Art Stillhalteabkommen mit der Politik: »Wir vertrauen der Mutter Merkel. Sie wird schon dafür sorgen, dass niemand zu kurz kommt. Sie sichert den Frieden, setzt sich auch für mehr soziale Gerechtigkeit ein und führt Deutschland Schritt für Schritt zu mehr Wohlstand. Und weil wir an sie glauben und ihr vertrauen, müssen wir uns auch nicht mehr politisch betätigen. Wir üben keine fundamentale Kritik mehr – weder an ihr noch am politischen System. Wir beschränken uns darauf, hier und da unsere Unzufriedenheit zu artikulieren. Mutter wird es dann schon richten. Wir delegieren alle Probleme an sie und müssen uns nicht um die Welt der Politik mit ihren ungelösten und globalen

Fragen kümmern.« Bernd Ulrich schrieb im Frühjahr 2018 in der Zeit, »dass Frau Merkel uns die Globalität mit ihren Problemen über zwölf Jahre vom Leibe gehalten hat«. Dieses Stillhalteabkommen hat das Land in einen dösigen Ruhe- oder sogar Schlafzustand versetzt.

Die Raute, die Mutter Merkel mit ihrer Hand formt, ist ein Sinnbild für eine fürsorgliche Umgrenzung der Republik. In der Raute zeigt sie sozusagen den Rahmen auf, in dem sich die Wähler sicher und unbekümmert bewegen können. Die Raute suggeriert den Menschen so den abgesicherten Fortbestand der deutschen Verhältnisse in einer krisengeschüttelten Welt.

Das Bild der Übermutter wandelte sich, als Angela Merkel die Raute öffnete und die Arme für die Flüchtlinge ausbreitete. Der verlässliche Heimatengel mutierte zu einem internationalen Willkommensengel, als sie im Sommer 2015 die deutschen Grenzen offen und Hunderttausende von Flüchtlingen ins Land ließ. Das hat bei vielen Wählern für Irritationen und Kränkungen gesorgt, weil sie sich auf einmal Fragen stellten wie: »Wen liebt die Mutter eigentlich wirklich? Die eigenen Kinder oder die fremden Kinder, die jetzt unsere Turnhallen bewohnen? Wieso bekommen Erstere so viel Aufmerksamkeit und Zuwendung, auch von den Medien? Warum gefährdet sie ihre Karriere für Menschen, die sie überhaupt nicht kennt und für sie doch als deutsche Kanzlerin auch nicht verantwortlich ist? Und wieso überlässt sie die eigenen Bürger einer unsicheren Zukunft und droht damit, dass Deutschland nicht mehr mein Land ist, falls sie sich für das freundliche Gesicht in einer Notsituation weiter entschuldigen müsse?«

Reale Probleme und irreale Ängste

Kein Ereignis der vergangenen Jahrzehnte hat Deutschland so aufgewühlt und gespalten wie die Flüchtlingskrise. Und noch heute scheiden sich an dem Thema die Geister, entzweien sich Familien oder Freunde. In vielen Diskussionen zur Flüchtlingskrise geraten die Menschen schnell an einen Punkt, in der sich Befürworter und Gegner der von Angela Merkel initiierten Flüchtlingspolitik nicht mehr verstehen und sie auf unterschiedlichen Ebenen argumentieren.

Die Willkommensbefürworter idealisieren die Migration in Form einer beglückenden Multikulti-Folklore, die das Land bunter und vielgestaltiger macht. Dabei blenden sie oft die Probleme aus, die mit der plötzlichen Aufnahme Hunderttausender Flüchtlinge verbunden sind. Ebenso ignorieren sie, dass eine erfolgreiche Integration eine wirkliche Auseinandersetzung mit den Fremden erfordert: einen mitunter kontroversen Prozess, in dem Spielregeln, Ideale und Werte der eigenen Kultur definiert und vermittelt werden. Die Migrationsgegner hingegen dämonisieren die Fremden. Sie beschwören Untergangsszenarien, denen zufolge durch die Zuwanderer »das Boot zu voll wird«, die Sozialsysteme ausgezehrt werden, der Bildungsstandard sinkt, die Kriminalitätsrate steigt, der Terrorismus importiert wird und die ideellen und materiellen deutschen Werte verloren gehen.

Zwischen diesen beiden Extremen bewegen sich die vielen Menschen, die stillschweigend anpacken und sich aktiv in der Flüchtlingshilfe engagieren. Sie dämonisieren oder idealisieren die Fremden nicht, sondern sehen sie als Menschen an, die mitten unter uns sind, die ihr persönliches Gesicht, ihre leidvolle Geschichte und ihre ganz eigene Hoffnung haben. Die Flüchtlinge sehen sie als konkrete Aufgabe und Herausforderung, die sich weder abwehren noch leugnen lässt, sondern im Geist christlicher Nächstenliebe bewältigt werden will.

Spätestens seit der Silvesternacht in Köln mit den massenhaften sexuellen Übergriffen und dem Versagen der Ordnungskräfte benennen auch die größten Willkommensbefürworter die immensen Aufgaben, die mit solch einer Jahrhundertherausforderung verbunden sind: die Wahrung von Sicherheit und staatlicher Kontrolle über die Einreise, die Schaffung einer Integrationsinfrastruktur mit Wohnheimen, Dolmetschern und Lehrern. Die immensen finanziellen Kosten, die mit dieser Herkulesaufgabe verbunden sind und die letztlich den Steuerzahlern aufgebürdet werden. Und darüber hinaus verlangt sie auch jedem Einzelnen ganz alltägliche Opfer, Zumutungen und Umstellungen ab. Wir müssen Menschen in unser Land integrieren, die anders riechen, anders essen, anders sprechen, anders glauben und eine vollkommen andere Sicht auf die Welt haben. Zudem ließ die Silvesternacht in Köln auch die Probleme überdeutlich werden, die schon seit Jahren existieren, jedoch nicht angegangen worden sind: die eklatante Unterbesetzung der Sicherheitskräfte, die Existenz rechtsfreier Räume und das Fehlen eines klaren Integrationskonzeptes.

Die faktische Größe dieser Herausforderung macht aber nicht verständlich, wieso auf einmal viele Menschen in einem so erfolgreichen, starken und wirtschaftlich gesunden Land mit 80 Millionen Einwohnern und einer so außergewöhnlichen Leistungsbilanz Angst haben, dass eine Million Flüchtlinge den Untergang Deutschlands herbeiführen würden. Zumal sich Deutschland voller Stolz daran erinnert, dass es bereits ähnliche Herausforderungen gemeistert hat: die Aufnahme von Hunderttausenden von Flüchtlingen aus den Ostgebieten nach dem Zweiten Weltkrieg, die Integration von Millionen Gastarbeitern seit den Zeiten des Wirtschaftswunders und die Wiedervereinigung.

Die Hysterie, die angesichts der Flüchtlingskrise teilweise in Deutschland entstanden ist, und die erbitterte Wut gegenüber Mutter Merkel, »die unbedingt wegmuss«, weisen darauf hin, dass das Gewicht der realen Probleme durch die Wucht irrealer oder genauer gesagt diffuser Ängste und unbewusster Konflikte übersteigert worden ist. Diese Ängste waren schon Jahre vor dem Höhepunkt der Flüchtlingskrise da, fanden jedoch erst durch sie eine klare Ausrichtung und Fassung.

Flüchtlinge: Die unfassbare Zukunft erhält eine fassbare Gestalt

Die diffuse Angst der Deutschen vor der Zukunft habe ich bereits beschrieben. Zukunftsthemen wie die Digitalisierung oder die Globalisierung wirken wie ein aus der Ferne nahendes Schreckgespenst: unheimlich, aber gesichtslos. Sie schweben sozusagen über uns und können räumlich nicht genau lokalisiert werden. Allenfalls können sie in den düsteren Gefilden des Grauenlandes verortet werden. Ihre Gestalt- und Gesichtslosigkeit lässt bei den Menschen Ohnmachtsgefühle entstehen. Nichts macht den Menschen handlungsunfähiger als das Gefühl, etwas nicht fassen, nicht anpacken zu können. Wie soll man sich wehren gegen einen unbekannten Feind, gegen ein schwebendes und gesichtsloses Phänomen?

Die Konfrontation mit etwas Unfassbarem, etwas, das man eben nicht sehen, riechen, hören oder schmecken kann, ist zutiefst kränkend, weil sie den Menschen jeder Chance beraubt, sein Schicksal aktiv zu wenden. Die Flüchtlinge boten nun die Möglichkeit, das Unfassbare, das schon lange unser Auenland bedroht, fassbar zu machen. Die Angst vor der Globalisierung bekam auf einmal ein Gesicht und eine Gestalt, zum Beispiel von dunkelhäutigen jungen Männern, die vielen nicht geheuer waren.

Die Flüchtlinge schafften dadurch bei all der realen Belastung für das Land auch eine psychische Entlastung für viele Bürger. Endlich hatte man ein konturiertes Gegenüber, das dem diffusen Unbehagen und der Zukunftsangst eine Gestalt verleiht. Endlich gab es einen anfassbaren Gegner, den man tagtäglich über die Medien ins Auenland kommen sieht und gegen den man sich zur Wehr setzen kann. Gegen die Globalisierung und gegen die Digitalisierung können Menschen heute ebenso wenig ausrichten wie im Mittelalter gegen die Pest. Aber die Flüchtlinge ermöglichen Handeln. Die Menschen können im Internet über die Fremden hetzen, sie können fordern, Mauern zu bauen, Deutschland oder gar Europa abzuschotten, die bereits hier lebenden Flüchtlinge wieder auszuweisen oder zu kasernieren. Und manche Partei unterfüttert die irrationale Verheißung, dass wir alle Probleme, die uns ängstigen, verbannen oder zumindest eindämmen können, wenn wir die Flüchtlinge verbannen oder zumindest ihre Zahl stark eindämmen.

Diese Projektion diffuser Zukunftsängste auf Flüchtlinge funktioniert umso besser, je weniger reale Erfahrungen ein Mensch mit einem Flüchtling hat. Das ist einer der Gründe, wieso die Angst und die Aversion gegenüber Flüchtlingen vor allem in den Regionen besonders hoch ist, in denen die Menschen kaum die Möglichkeit haben, in einen direkten Kontakt mit ihnen zu kommen. In der konkreten Begegnung wird der Flüchtling zu einem Menschen, der einem befremdlich oder sympathisch ist, mit dem man spricht oder streitet und der irgendwann einmal zum gern oder ungern gesehenen Teil des eigenen Alltags wird.

Geschwisterrivalität – ungleiche Brüder und Schwestern

Die großen Ängste gegenüber Flüchtlingen, der Argwohn, dass Mutter Merkel die Fremden vielleicht mehr liebt als ihre eigenen Bürger, verraten mitunter auch etwas über die Ängste und Vorbehalte, die manch Deutscher gegenüber sich selbst hat. Das war für mich das vielleicht überraschendste Ergebnis einer Studie über den Umgang der Bürger mit der Flüchtlingskrise, die wir am Ende des Jahres 2015 durchgeführt haben.

In den Tiefeninterviews wurde immer wieder deutlich, dass Deutschland durch das Stillhalteabkommen in seinem Auenland auch einiges von seiner inneren Stabilität oder besser gesagt seiner Selbstgewissheit verloren hat. Viele Menschen fragen sich: Wer sind wir überhaupt? Was zeichnet uns aus? Woran glauben wir noch? Was sind unsere Träume und Pläne? Was treibt uns an und bringt uns voran? Die Befragten bekunden, dass sie gern in Deutschland leben, aber der Wert von Werten wie Freiheit, Emanzipation, Rechtsstaatlichkeit ist aus ihrem Blick geraten. Im deutschen Versorgungsparadies sind viele demokratische Errungenschaften der Nachkriegszeit für viele Bürger zu einer Selbstverständlichkeit geworden.

Vor allem mit Blick auf die ins Land kommenden Flüchtlinge und ihrer Lebenswirklichkeit verspüren die Menschen eine übergroße Diskrepanz. Selbstkritisch beschreiben die Bürger ihr eigenes Land als ein saturiertes Wohlstandsland, das sich in einer Vollkaskomentalität eingerichtet hat. Alles im Leben soll abgesichert sein, nichts soll dem Zufall oder Schicksal überlassen sein. Große Risiken will niemand mehr eingehen. Vielleicht gerade weil sich die meisten Menschen in Deutschland so gut versorgt fühlen und Mangelerfahrungen eine Ausnahme sind, beschreiben sie, »dass es nichts gibt, wonach ich richtig hungere«. Mitunter beobachten die Menschen ihre Antriebslosigkeit: »Große Ziele und Träume habe ich schon lange nicht mehr.« Die Menschen erleben ihr wirtschaftlich so starkes Land mitunter wie eine Art Pudding: verweichlicht, wackelig, ohne Antrieb.

Jetzt kommen mit den Flüchtlingen Menschen, die

noch den Traum von einem besseren Leben haben und die Deutschland noch als ein gelobtes Land sehen. Menschen, die in der Not ihre angestammte Heimat – anders als Hänsel und Gretel – aus eigenem Antrieb verlassen und die bereit sind, sich todesmutig auf einen ungewissen Weg zu machen. Menschen, die kein Risiko scheuen – nicht den möglichen Tod im Mittelmeer, auf der Balkanroute oder in einem afrikanischen Auffanglager. Menschen, die ein überstarker Lebenshunger, eine große Zielstrebigkeit antreibt, der ihnen eine ungeheure Power und Wucht verleiht.

Diese Energie macht vielen Menschen Angst. In den Interviews über die Flüchtlinge tauchte immer wieder die bange Frage auf, »ob diese Menschen mit ihrem Todesmut den Deutschen nicht doch überlegen sind«. Aus dem Merkel'schen Diktum »Wir schaffen das« wurde für viele ein resignatives »Die schaffen uns«. Die Flüchtlinge wurden daher von Anfang an aufgrund ihres Wagemuts, ihrer Willensstärke und ihrer Risikobereitschaft von vielen Menschen nicht nur als arme Opfer, sondern auch als potente Täter gesehen. Und durch die Silvesternacht von Köln sah manch einer seine Sicht bestätigt, dass da keine hilflosen Kinder und vom Schicksal gebeutelte Familien ins Land kommen, sondern »wilde Horden junger Männer ins Land einfallen, die es auf unseren Wohlstand und auf unsere Frauen abgesehen haben«.

Der unbewusste Vergleich mit den Flüchtlingen gab

auch eine unterschwellige Antwort auf die Frage: Wen liebt Mutter Merkel eigentlich – die eigenen Kinder oder die fremden? Denn häufig stieg in vielen Menschen der bittere und zutiefst enttäuschende Argwohn auf, dass die Kanzlerin vielleicht doch die fremden Kinder mehr liebt, gerade weil sie mit ihrer Risikobereitschaft Qualitäten ins Land bringen, die sie vielleicht bei ihren eigenen Landeskindern oft vermisst.

In den Interviews beklagten viele Menschen mit dem trotzigen Ausdruck eines zurückgesetzten Kindes so immer wieder, dass die Flüchtlinge gegenüber den Deutschen bevorzugt würden. »Sie kriegen die neuen Turnschuhe, für mein Kind muss ich die gebrauchten Schuhe kaufen, da ich mir die neuen nicht leisten kann.« »Sie bekommen sofort Geld in die Hand, und ich muss immer erst lange darum bitten.« »Sie kriegen die großen Wohnungen, die uns hier vorenthalten werden.« »Den Flüchtlingen wird der Teppich ausgerollt und der große Bahnhof bereitet, aber mir applaudiert hier niemand.« Diese unbewusste Geschwisterrivalität und das damit verbundene kränkende Gefühl, selbst nicht genug gesehen, wertgeschätzt, gewürdigt oder gar benachteiligt zu werden, haben den »natürlichen« Argwohn vieler Menschen gegenüber den Fremden zusätzlich gesteigert und zu Wellen der Empörung geführt, die Deutschland seit Jahrzehnten nicht mehr erlebt hat.

Die innere Zerrissenheit in einem existenziellen Dilemma

Die Studie zur Flüchtlingskrise hat gezeigt, dass ein Teil der Bürger unbewusst in eine Geschwisterrivalität mit den Flüchtlingen geraten ist. Sie benutzen sie, um Zukunftsängsten eine menschliche Gestalt zu geben und sie dadurch abwehren zu können. Beinahe alle Deutschen hat die Flüchtlingskrise jedoch in ein existenzielles Dilemma gestürzt, das die meisten bis heute nicht auflösen konnten. Sie fühlen sich innerlich hin und her gerissen zwischen dem Impuls, den Flüchtlingen beherzt zu helfen, und der Sorge, ob das Land die Aufnahme so vieler Flüchtlinge verkraften kann.

Kern dieses Dilemmas ist die Frage: Mache ich die Tür für Fremde auf, oder mache ich sie zu? Setze ich auf eine Öffnung und eine Erneuerung des Landes mit unbekannten Risiken – oder auf Erhalt der vertrauten, aber vielleicht erstarrten Heimat? In den Tiefeninterviews war zu beobachten, wie schwer es den Befragten fiel, eine klare Haltung zu dem Thema zu gewinnen.

Einerseits wollen die Menschen hilfsbereit sein und das elende Schicksal der Flüchtlinge lindern, aber andererseits haben sie Angst, von den Fremden verschlungen zu werden und ihr Land nicht wiederzuerkennen. Unklar ist vielen auch, wie Deutschlands seit dem Sommer 2015 bereits erbrachte Leistungen einzuschätzen sind:

Ist die gezeigte Hilfsbereitschaft beschämend gering, wie Kardinal Woelki gesagt hat, oder viel zu groß, weil ein riskanter Akt der Überfremdung und Selbstzerstörung, wie die AfD warnt?

Die Politik hat es weder in den ersten Monaten der Flüchtlingskrise noch im Wahlkampfjahr 2017 und letztlich bis heute nicht geschafft, die innere Zerrissenheit der Wähler zu befrieden. Denn die Wähler erwarten mehr als die Breiigkeit eines »Wir schaffen das« oder formalistische Zahlenspiele rund um eine Obergrenze. Sie bauen darauf, dass die Politik einen konstruktiven Beitrag leistet, das Problem zu lösen, dass sie einen Umsetzungsplan, klare Leitlinien und Leitfiguren entwickelt, an denen sich jeder Einzelne orientieren oder auch reiben kann. Wenn eine solche klare und (an)greifbare Haltung fehlt, geraten viele unfreiwillig in die Ecke »Gutmensch« oder »Nazi«. Ohne zukunftsweisende Lösungsansätze, ohne klare und kontroverse Positionen wächst das Misstrauen. Die Wähler fühlen sich in ihrer inneren Zerrissenheit von den Politikern weder gehört noch verstanden. Und das erzeugt Hilflosigkeit und Wut.

Die Bürger standen und stehen nun vor der Aufgabe, selbst Lösungsansätze zu finden, die versprechen, aus dem beschriebenen Dilemma zu führen. Die schon erwähnte Studie zum Umgang der Bevölkerung mit der Flüchtlingskrise zeigt die extreme Bandbreite der Strategien. Insgesamt lassen sich acht Verarbeitungstypen differenzieren. Diese unterscheiden sich vor allem in zweierlei Hinsicht: erstens im Hinblick darauf, ob jemand selber aktiv wird oder ob er versucht, sich rauszuhalten; zweitens darin, ob er die optimistische »Wir schaffen das«-Position einnimmt oder von der pessimistischen »Die schaffen uns«-Position ausgeht.

Umgang mit der Flüchtlingskrise

Die meisten Menschen gehören zu dem Typus, der auf die Flüchtlingskrise reagiert wie die *Kaninchen vor der Schlange.* Das existenzielle Dilemma paralysiert sie, und sie verharren in Regungslosigkeit. Obwohl sie sich ständig mit dem Thema Flüchtlinge auseinandersetzen und alle Aspekte im Blick haben, gelangen sie nicht zu einer eigenen Position, die sie aktiv vertreten können. In Gesprächen artikulieren sie nicht ihre Meinung, und ihr sonst oft vorbildliches soziales Engagement versiegt in diesem Falle. Sie verbleiben in einer Duldungsstarre und hoffen so, sich weder angreifbar noch schuldig zu machen.

Ein verbreiteter Typus ist der *Ablasshändler,* der zu einer demonstrativen und häufig einmaligen Aktivität findet. Angesichts der Flüchtlingskrise verspürt er die Notwendigkeit zu helfen, scheut aber vor einer aktiven Auseinandersetzung mit den Fremden und einem tiefer gehenden Engagement zurück. Meist belässt er es bei einem einmaligen Ablasshandel: Er spendet Kleider oder Geld. So verschafft er sich das gute Gewissen, die Not ein wenig gelindert zu haben, ohne seine persönliche Lebensweise dabei in Frage zu stellen.

Ganz anders agieren die *Gekränkten*, bei denen die schon beschriebene Geschwisterrivalität am stärksten ausgeprägt ist und die lautstark die öffentliche Flüchtlingsdebatte mitbestimmen. Sie fragen vehement »Wo bleibe ich?«, und sie neiden den Flüchtlingen die Zuwendung. Ständig reden sie die Not der Flüchtlinge klein und suchen vor allem in den sozialen Medien nach Beweisen für die fehlende Bedürftigkeit der »Wirtschaftsflüchtlinge« und ihre unangemessene Bevorzugung. Demgegenüber betonen sie immer wieder das eigene Leid, das ihnen die Berechtigung gibt, mit Nachdruck bei der Politik die eigenen Ansprüche zu reklamieren.

In seltenen Fällen können die Gekränkten zum *Brandstifter* werden, die nach dem Motto verfahren: Angriff ist die beste Verteidigung. Durch die Bedrohung oder gar Verfolgung von Flüchtlingen wollen sie aktiv die Bedrohung von Deutschland abwenden und sich als von der Mehrheit verkannter »Retter des Abendlandes« fühlen.

Ein ganz anders gelagerter extremer Typus ist der *Willkommensdogmatiker*. In seinem radikalen Humanismus wischte er lange Zeit alle Probleme, die mit dem

Zuzug von Hunderttausenden Flüchtlingen verbunden sind, vom Tisch. Oberflächlich ergreift er Partei für die Flüchtlinge und weist alle fremdenfeindlichen Gedanken und Impulse weit von sich. Aber er bleibt meist sehr unkonkret in seinen Ausführungen und lässt seinen guten Absichten selten konkrete Taten folgen. Die eigene Angst vor einer auch ihn verändernden konkreten Auseinandersetzung mit den Fremden übertönt er mit seiner Willkommenseuphorie.

Ein entgegengesetzter Typus ist der *Untergangsapologet*. Er breitet im Tiefeninterview genüsslich Endzeitszenarien aus, und die Flüchtlingskrise ist für ihn der Beginn des drohenden Untergangs des Abendlandes. In seinem düsteren Fatalismus schwingt jedoch auch eine heimliche Genugtuung mit. Denn ein Land, das ihn so wenig wertschätzt, hat es verdient unterzugehen. Insgeheim scheint er sich regelrecht nach einer Eskalation und einem radikalen Umbruch zu sehnen, weil auf diese Weise auch etwas Neues entstehen kann. Und so träumt er von einem neuen und starken Staat, bei dem der Mann noch Mann und der Führer noch Führer ist.

Der *Angleicher* hingegen ist ein Typus, der Deutschland gerade durch eine schnelle Integration oder besser gesagt Assimilation der Fremden in seinen Grundfesten erhalten will. Er tritt konkret mit den Flüchtlingen in Kontakt, bringt ihnen Deutsch bei, kleidet sie neu ein und bemüht sich um die schnelle Vermittlung der Sitten des Landes. Indem er die Flüchtlinge so erzieht und eingemeindet, bannt er in produktiver Weise die eigene Angst vor dem Fremden. Zu einem wichtigen Initiationsritus wird dabei mitunter, dass er den Flüchtlingen ihre durchgelaufenen und schicksalsgeprägten Schuhe abnimmt und ihnen deutsches Schuhwerk verpasst. Enttäuscht muss der Angleicher jedoch auch feststellen, dass viele Flüchtlinge trotz aller Integrationsbemühungen ihre befremdlich wirkenden Eigenarten und Haltungen aufrechterhalten.

Der *Familienzentrierte* spürt durch die Flüchtlingskrise den Druck, aktiv zu werden und etwas ändern zu müssen. Aber er tritt nicht mit den Flüchtlingen in Kontakt, weil er fürchtet, dass ihn diese Auseinandersetzung überfordert. Stattdessen blendet er die Flüchtlingskrise aus und konzentriert sich auf die »Baustellen« in seinem eigenen Leben und in seiner eigenen Familie. Er verändert Dinge in seinem kleinen privaten Umfeld und hat so das Gefühl, sich selbst und sein Umfeld besser im Griff zu haben.

Ein sehr seltener Typus ist der *Aufnahmebereite*. Er nimmt Flüchtlinge bei sich zu Hause auf und leistet damit einen unschätzbaren Beitrag für eine gelungene Integration, gerät aber dadurch oft in einen aufreibenden und kräfteverzehrenden Auseinandersetzungsprozess mit dem Fremden, der mitunter auch scheitern kann.

Die mit der Aufnahme eines Fremden verbundenen Umstellungen, Missverständnisse und Krisen verlangen ihm und der Familie große persönliche Opfer ab, können aber auch den eigenen Lebensalltag befruchten und bereichern. Denn im gemeinsamen Alltag mit Menschen aus einem völlig fremden Kulturkreis lernt er nicht nur den Fremden, sondern auch sich selbst wieder besser kennen. Er stellt eigene Selbstverständlichkeiten in Frage und gewinnt in der Reibung mit dem Fremden mitunter eine neue Perspektive für das, was ihm in Deutschland wichtig ist oder werden könnte.

Flüchtlingskrise – offene Wunde und Chance

Die Menschen haben die sich im Sommer 2015 zuspitzende Flüchtlingskrise als plötzlichen Einbruch der lang verdrängten Zukunft erlebt. Da die Politik es bis heute nicht verstanden hat, eine klare, verbindliche und wegweisende deutsche Haltung zur Flüchtlingsfrage zu entwickeln, fühlen sich die Wähler in ihrer Zerrissenheit im Stich gelassen. Aufgewühlt suchen die beschriebenen Typen ihre eigenen höchst unterschiedlichen Wege, sich der Zukunft zu stellen oder sie möglichst in Schach zu halten. Die Flüchtlingsfrage ist eine offene Wunde der deutschen Gesellschaft, die behandelt werden muss. In dieser neurotischen Fixierung stagniert das Land, weil es all die anderen Zukunftsfragen aus dem Blick verliert. Fragen, die unmittelbar den Alltag der Menschen betreffen – wie der drohende Pflegenotstand, die Bekämpfung der Altersarmut oder die Schaffung gerechterer Bildungschancen. Oder solche, die unsere Lebensbedingungen bestimmen werden – wie der Klimawandel oder die Stellung Deutschlands in einem erodierenden Europa.

Durch die endlosen Scheingefechte um neue Obergrenzen, Ankerzentren oder die Eindämmung der Migration werden diese anderen Zukunftsfragen nicht nur in den Hintergrund gedrängt, sondern es wird der Eindruck vermittelt, als hinge allein von der Flüchtlingsfrage die Zukunft des Landes ab: Dieses eine Problem zu lösen, verheißt dann, alle zu lösen – und die Wiederherstellung ruhiger Zeiten. Das ist aber nicht so. Die Flüchtlingskrise ist und bleibt eine große Herausforderung, aber sie ist nicht die alleinige Schicksalsfrage Deutschlands.

Dennoch hat die Flüchtlingskrise auch gezeigt, zu welchen humanitären und logistischen Leistungen das saturierte Auenland fähig ist. Und sie hat Energien, zum Teil auch Wut, freigesetzt, die sich für die Zukunft nutzen lassen. Vielleicht sind wir jetzt dem Erwachen viel näher als dem dösigen Dämmerzustand der vergangenen Jahre. Denn Enttäuschung und Wut helfen, sich von einer politischen Übermutter wie Angela Merkel zu emanzipieren, von der sich das Land lange Zeit bequem versorgen ließ.

Der Verzicht der Kanzlerin auf den Parteivorsitz hat diesen Emanzipationsprozess gefördert und nicht nur in der CDU eine Neuorientierung in Gang gesetzt.

Vielleicht sind jetzt mehr Menschen in Deutschland bereit, das gesellschaftliche Stillhalteabkommen aufzukündigen und mündiger zu werden. Gerade weil Deutschland kein abgeschottetes Auenland mehr ist, lohnt es sich, wachsam zu sein und politisch aktiv, um die wirren Entwicklungen einer aus den Fugen geratenen Welt interessiert und engagiert zu verfolgen.

Wie im beschriebenen Märchen von Hänsel und Gretel trauen wir uns dann nicht nur, das vertraute Versorgungsparadies zu verlassen, das zunehmend zu einem goldenen Käfig geworden ist, sondern auch, eine Reise zu neuen Ufern zu riskieren. Das setzt aber voraus, dass die Welt außerhalb des wohlbekannten Kreises nicht nur als Grauenland gebrandmarkt, sondern als Trauenland gesehen wird: als Chance, in der Auseinandersetzung mit ihr Zukunft selbst zu gestalten.

2

Spaltpilz mangelnde Wertschätzung

Die Erosion des Zusammenhaltes

Das Verschwinden des Gemeinsinns und die neue Abgrenzungsmanie

Horst Seehofer hat im Herbst 2018 die Flüchtlingskrise als die »Mutter aller Probleme« bezeichnet. Dem kann ich auf Basis all der Tiefeninterviews, die ich mit meinen Kollegen in den vergangenen zehn Jahren durchgeführt habe, nicht zustimmen. Die Flüchtlingskrise fungiert eher als »Blitzableiter vieler Probleme« unserer Gesellschaft. Die Unruhe, die Unzufriedenheit, das diffuse Unbehagen der Menschen hat ganz unterschiedliche Quellen, die ich in diesem und den nächsten Kapiteln beleuchten werde.

Bereits seit vielen Jahren befinden wir uns in einem tiefgreifenden und viele Menschen äußerst beunruhigenden und kränkenden Erosionsprozess. Die gesellschaftliche Mitte löst sich auf. Und mit ihr schwindet der gesellschaftliche Gemeinsinn, der die unterschiedlichen gesellschaftlichen Gruppierungen und Schichten miteinander verbindet.

Gemeinsinn begründet sich psychologisch betrachtet vor allem in drei Erfahrungen: in einer den Einzelnen übergreifenden ideellen Heimat, in einer gemeinsamen Zukunftsperspektive und in dem Gefühl eines grundlegenden Zusammenhalts innerhalb des Gemeinschaftsgefüges. Dieser zerbricht aber zusehends, da die gegenseitige Wertschätzung und ein gemeinsames Bezugssystem verloren gegangen sind. Der Soziologe Andreas Reckwitz beschreibt in seinem grundlegenden Werk »Die Gesellschaft der Singularitäten«, dass die nivellierte Mittelstandsgesellschaft seit den achtziger Jahren immer weiter weggeschwemmt und durch eine zunehmende Klassenspaltung ersetzt worden ist: »Die ehemalige Mitte erodiert, es bildet sich mehr und mehr eine Polarität zwischen einer Klasse mit hohem kulturellen (…) Kapital sowie einer Klasse mit niedrigem kulturellen und ökonomischen Kapital heraus: die neue Mittelklasse einerseits, die neue Unterklasse andererseits.«[5]

Die Folgen dieser Klassenspaltung und der damit verbundene gesellschaftliche Spaltpilz mangelnde Wertschätzung zeigen sich vor allem in einem gewandelten Verhältnis der Eliten zu den vermeintlich Schwächeren und Benachteiligten. In der nivellierten Mittelstandsgesellschaft der siebziger Jahre waren noch der Kampf für die Arbeiterklasse, die Verbesserung der Lebensverhältnisse gerade der weniger Privilegierten und der Einsatz für ein gerechteres Deutschland gemeinschaftsstiftende politische Motive.

Diese – oft vielleicht auch nur vordergründige – Solidarität ist verschwunden. Ein gesellschaftliches Wir-Gefühl, eine Verbundenheit der Menschen miteinander, entsteht allenfalls noch in den Sommerwochen während der Fußballweltmeisterschaft oder der Europameisterschaft. Dann eint das gemeinsame Ziel und die gemeinsamen Schicksalserfahrungen während des Turniers Menschen verschiedenster Herkunft oder unterschiedlichster Bildung. Jenseits dieser beschwingt oder bei der WM 2018 enttäuscht zelebrierten Einheitserlebnisse, verstärken sich jedoch unablässig die Tendenzen der Abgrenzung. Und immer mehr Lebensformen, Lebensstile oder persönliche Haltungen werden zum Gegenstand einer steten Differenzierung: die Bildung, die Herkunft, die Wohngegend, die Einkommensverhältnisse, die politische Haltung, die Kleidung, der Fahrzeugtypus und die Ernährung.

Bereits der Bildungsgrad wird zum Gradmesser, ob und in welchem Maße ein Mitbürger heute Wertschätzung verdient. Ein Haupt- oder ein Realabschluss nährt häufig den Verdacht, es mit einem gesellschaftlichen Verlierer zu tun haben. Viele Abiturienten grenzen sich demonstrativ von den Versagern in ihrem Umfeld ab. »Loser« und »Hartzer« avancieren zu beliebten Schimpfworten nach dem Motto: Wer in der Zweiklassengesellschaft nicht mithalten kann, ist selbst schuld. Er verdient keine

Unterstützung, sondern Verachtung. Und während sich viele Hauptschüler schon in jungen Jahren auf einem gesellschaftlichen Abstellgleis wähnen, mobilisieren die Eltern der neuen Mittelklasse alle Kräfte und Ressourcen, um ihren Kindern eine optimale Schulausbildung zukommen zu lassen – idealiter mit einem Auslandssemester in China oder Amerika.

Der Psychologe Thomas Pohne spricht[6] von einer »wachsenden Distanzierung, Entfremdung, Arroganz, Überheblichkeit und teilweise sogar gehässigen Verachtung der Eliten gegenüber ganzen Teilen der Bevölkerung«. Dabei definiert er die Eliten – ähnlich wie Andreas Reckwitz – als das neue Bildungsbürgertum der Mittelklasse: gut betuchte Akademiker, meist großstädtisch und westdeutsch, die er auch als »meinungsbildende Klasse« bezeichnet.

Die Tabuisierung gemeiner Lebensvollzüge

Aus Sicht der neuen und meinungsbildenden Mittelklasse genügen viele »gemeine« Lebensvollzüge – vom Rauchen über das fette Essen bis hin zum Fleisch- oder Zuckerkonsum – heute nicht mehr den hochgesteckten Ansprüchen eines politisch korrekten und nachhaltigen Lebens. Sie werden tabuisiert und der neuen Unterklasse zugeschrieben: »Da gibt es doch immer noch Raucher, die süchtig sind und nervös mit ihren gelben Fingern an der Zigarette ziehen. Sie machen ständig Pause, um ihren Nikotinbedarf zu stillen, und verpesten mit ihren arbeitsscheuen Raucherrudeln den öffentlichen Raum. Ja, und da sind die gemeinen Menschen, die noch Unmengen von Fleisch in sich hineinschaufeln. Sie scheren sich weder um die Probleme der Massentierhaltung, noch sind sie auf einen gesunden oder veganen Ernährungsstil erpicht, der doch die natürlichen Ressourcen unserer Umwelt schont. Stattdessen werfen sie beim kleinsten Sonnenschein den Grill an, um Unmengen von billigem und qualitativ minderwertigem Fleisch zu verkokeln.«

Und ein Großteil dieser seltsamen Menschen ist auch noch übergewichtig, moniert die gesellschaftliche Elite: »Sie sind nicht bereit, achtsam und kalorienreduziert zu speisen, sondern sie lieben das fette und deftige Essen. Nicht nur am Abend vor dem Fernsehen fetten sie unablässig ihre Hände in der Chips- oder Flipstüte, meist kurz nachdem sie gerade bereits eine Pizza oder einen Burger verschlungen haben. Natürlich schütten sie dann auch noch literweise Süßgetränke wie Cola in sich hinein – als hätte es nie die wissenschaftlichen Studien über die gefährlichen Wirkungen des Zuckerkonsums gegeben. Und mit unserem sauer verdienten Geld müssen wir Ernährungsbewussten dann auch noch das Gesundheitssystem finanzieren, das all die Übergewichtigen und Überzuckerten dann behandeln soll.«

Und hinzu kommt, naserümpfen die, die sich moralisch überlegen fühlen, »dass diese gemeinen Menschen nicht nur rauchen, Fleischberge verputzen, zu fett oder zu süß essen, sondern auch noch übermäßig viel trinken. Nicht nur kastenweise Bier und flaschenweise billigen Wein, sondern auch die harten Spirituosen, die die Leber schädigen und zum Kontrollverlust führen. Und viele zeigen nur eine mangelhafte Bereitschaft, sich sportlich zu betätigen.« Im sogenannten »Unterschichts-TV«, das natürlich nicht nur von der Unterschicht geschaut wird, lassen sich dann all diese gemeinen Menschen als »biggest loser« bestaunen. Kopfschüttelnd schaut sich dann mancher sittsame Mensch der bürgerlichen Elite an, wie falsch diese Menschen doch leben, wie verkehrt sie ihre Kinder erziehen oder wie vulgär sie ihre Konflikte austragen.

Die Abgrenzung von anderen ist psychologisch gesehen wichtig, um ein eigenes Selbstverständnis zu entwickeln. Aber in früheren Zeiten wurde die gemeinschaftsstiftenden Fragen, wer wir sind, was uns auszeichnet und was uns von den anderen unterscheidet, mit dem Blick auf andere Länder und Sitten gestellt. Vor dem Mauerfall war es für das gesamtdeutsche Selbstverständnis konstituierend, dass man anders war als die DDR beziehungsweise die Bundesrepublik. Heute versuchen die Menschen in Deutschland, dieses Selbstverständnis durch die beschriebenen Abgrenzungen innerhalb der Gesellschaft zu erlangen. Viele Menschen definieren sich durch das Gefühl einer geistig-moralischen Überlegenheit gegenüber den Bildungsbanausen, den Proleten, den Dicken, den ewig Gestrigen und Unbelehrbaren oder den wenig weltoffenen Menschen aus dem Osten unserer Republik. Manche TV-Formate im öffentlich-rechtlichen Fernsehen wie die »heute-show« werden mitunter zur wöchentlichen Weihestunde der Selbstgewissheit, weil da all die Dummen, Rechten, die Ostdeutschen, die Nichtwähler oder die AfD-Wähler ordentlich abgewatscht und bloßgestellt werden.

Wenn aber Teilen der Bevölkerung Anerkennung und Wertschätzung entzogen werden, verwundert es nicht, dass sich diese zunehmend fremd im eigenen Land fühlen. Vielen Menschen wird nicht mehr das Gefühl vermittelt, ein Mitglied der Gesellschaft zu sein, dessen Mitwirkung gebraucht und gewürdigt wird. Der trotzige Ausruf »Wir sind das Volk« ist mitunter auch ein Schrei nach Anerkennung der eigenen Bedeutung: »Ich bin doch ebenso wie die anderen ein Leistungsträger der Gesellschaft. Wir alle sind doch Deutschland.«

So wächst dann die Verbitterung gegenüber den Politikern, den Meinungsbildnern, den Eliten, von denen man sich nicht gesehen, nicht akzeptiert und verraten fühlt. Und wenn die Bürger den Eindruck haben, dass den Eliten – wie Thomas Pohne es ausdrückt – »der Syrer wichtiger ist als der Sachse«, dann wird auch das Ressentiment gegen Flüchtlinge verständlich, die willkommen geheißen und alimentiert werden. Denn die Erfahrung mangelnder Wertschätzung erzeugt mangelnde Wertschätzung im Hinblick auf die vermeintlich Schwächeren. Sie führt zu einer gesellschaftlichen Entwertungsspirale, die eine zunehmende gesellschaftliche Verrohung und Verbitterung erzeugt. Die Wut gegen das Establishment, gegen die Institutionen, die Medien und die Politiker und gar gegen die demokratische Grundordnung artikuliert sich immer vehementer.

Der wenig wertgeschätzte Osten

Die Erfahrung mangelnder Wertschätzung wird im öffentlichen Diskurs vor allem als ein ostdeutsches Problem thematisiert, obwohl sie ein gesamtdeutsches Problem darstellt. Allerdings manifestierte und artikulierte sich das Wertschätzungsproblem schon viel früher im Osten der Republik als im Westen. Bereits vor zehn Jahren habe ich mit meinen Kollegen eine große tiefenpsychologische Studie mit dem Titel »Der Osten 20 Jahre nach der Wende« durchgeführt. In den Tiefeninterviews mit den Menschen war immer noch zu spüren, welche dramatische Entwertung sie nach der Wende erlebt haben. Denn die friedliche Revolution aus eigener Kraft entpuppte sich in den Augen der ostdeutschen Bürger nicht als Neubau Ost, auch nicht als Aufbau eines neuen Deutschlands, sondern als Vereinnahmung West. Der Westen stülpte sich dem Osten buchstäblich über: Die Werte des Westens, seine Strukturen und Systeme, seine Konsumgepflogenheiten, sein Geld und sein Machtapparat dominierten den Osten.

Für den Bürger im Osten wurden durch die Wiedervereinigung zwar die Träume nach Reisefreiheit, nach freien Wahlen, nach unbegrenztem Konsum und nach nationaler Einheit erfüllt, gleichzeitig erlebten sie jedoch den erschütternden Zusammenbruch ihres Wertesystems, den Verlust ihrer Arbeitsplätze, die Veränderung ihres Alltages, die Umwertung ihrer Geschichte. Für manche Bürger verkehrte sich der Traum vom Westen in einen destabilisierenden Albtraum. Sie fühlten sich fremd im eigenen Land. Fremd, weil ihnen das neue System und seine Spielregeln noch unvertraut waren. Fremd, weil sie ihre Kollegen oder Freunde nicht mehr verstanden, die sich auf einmal westlich gerierten und das lange gepflegte Solidarprinzip zugunsten eines Konkurrenzprinzips aufkündigten. Fremd auch, weil sie mitunter das Gefühl hatten, angesichts der rauschhaften Zugewinnverheißungen all das verraten zu haben, was ihnen bislang wichtig war. Und auch die herausgeputzten Fassaden der in Rekordzeit restaurierten Innenstädte oder die glänzenden Einkaufsmeilen lösten ein Befremden aus, weil dieser Kulissenzauber die Spuren der eigenen Geschichtlichkeit tilgte. Ihr ganzes Leben, das die Menschen vor der Wende geführt hatten, erschien jetzt im Licht der neuen Verhältnisse als falsch. Lediglich die eigene Revolte gegen dieses falsche Lebenssystem verdient im geschichtlichen Rückblick eine ehrende Erinnerung.

Schon vor zehn Jahren fühlten sich die Bürger in den neuen Bundesländern zum Teil als Menschen zweiter Klasse. Sie beklagten in den Tiefeninterviews die fehlende Anerkennung und die immer wieder erlebte Benachteiligung des Ostens, die sich faktisch in den niedrigeren Löhnen und Renten manifestiert. Im Alltag begegnen den Menschen oft pauschale westliche Vorurteile über die Ostdeutschen: »Man hat das Gefühl, dass die Wessis immer auf einen herabschauen und einen verachten. Als würde man hier im Dreck leben oder auf einem riesigen Bauernhof.«

Über diese Pauschalisierungen hinaus fühlten sich viele Menschen kaum wahrgenommen. Schon damals war die schwelende Wut spürbar über das generelle Desinteresse des Westens an der Lebensleistung des Einzelnen und an den »guten Sachen«, die es in der DDR gab – wie die Kinderbetreuung oder die Ganztagsschulen, die den Frauen die Möglichkeit boten, gleichberechtigt arbeiten zu gehen: »Die DDR wurde übernommen. Jetzt heißt es ›Ärztehaus‹, früher ›Poliklinik‹, heute ›Ganztagsschule‹, früher ›Hort‹ – die tun so, als wenn sie all das erfunden hätten.« Und als besonders kränkend erlebten viele Menschen, dass vor allem Westschauspieler die Hauptrollen bekommen in Filmen wie »Wir sind das Volk«, die doch die Geschichte der DDR und die Leistungen der friedlichen Revolution dramatisieren.

Diese Anmaßung passt im Erleben vieler Ostbürger zu dem teils unterschiedlichen Gebaren, das Menschen in beiden Teilen des Landes an den Tag legen und das immer wieder zu Entwertungserlebnissen führt: Ostdeutsche beschreiben sich selbst als eher bodenständig, alltagsbezogen und trotz ihrer gelegentlichen Nörgelei als tendenziell zurückhaltend und von einem pragmatischen Realismus geprägt. Die »Westler« erleben sie hingegen als tendenziell überheblich, als Meister der Selbstdarstellung, bei denen die Übergänge zwischen überzeugendem Auftritt und Prahlerei mitunter fließend sind. Das Gefühl vieler Menschen im Osten, den Deutschen zumindest im Hinblick auf die Bewältigung der erfahrenen geschichtlichen Zusammenbrüche überlegen zu sein, artikuliert sich in den Tiefeninterviews auch eher augenzwinkernd mit dem Verweis auf eine Fabel: »Der Fuchs ist schlau, er stellt sich dumm. Beim Wessi ist es andersrum.«

Der Eindruck der Menschen, vor allem von den Eliten und den Politikern nicht gebührend wahrgenommen zu werden, verstärkt sich durch die kollektiven Erfahrungen in der DDR, in der die Bürger eine Art inverser Wertschätzung erlebten. Denn früher richteten die Staatsorgane und vor allem die Stasi ein besonderes Augen- und Ohrenmerk auf all ihre Mitbürger. Sie fühlten sich dadurch zwar drangsaliert und kontrolliert, jedoch auch gesehen und wahrgenommen: »Früher durften wir nichts sagen, aber ständig hörte jemand genau zu. Heute darf man alles sagen, aber keiner hört mehr zu.«

Schwelende Wut und eruptive Ausbrüche

Die mit dem Zusammenbruch des alten Lebenssystems verbundenen Enttäuschungen und Verletzungen führten schon viele Jahre vor der Flüchtlingskrise bei vielen Bürgern zu einer latent mitschwingenden und schwelenden Wut, die jedoch vom weitaus größten Teil der Bevölkerung lange nicht offen gezeigt wurde.

Dennoch gab es auch Gruppierungen in der ultrarechten Szene, die sich bereits vor zehn Jahren radikalisierte und eine Weltfeindschaft – gegen den Westen und alles Fremde – entwickelt haben. Ihre Wut artikulierte sich in sporadischen Gewaltakten: in Schlägereien, Vandalismus oder im Hetzen gegen Ausländer. Aber nach diesen Eruptionen kehren sie sogleich wieder in die Geborgenheit der Gemeinschaft zurück, die für die Enttäuschten als Ersatzfamilie fungiert: »Wenn wir nicht demonstrieren oder kämpfen, sitzen wir bei Kaffee und Kuchen zusammen.« Die radikalen Positionen dieser Gruppierungen muten mitunter an wie ein romantischer Idealismus: Man besinnt sich auf die Heimat, die Natur, die deutsche Kultur oder letztlich auf die eigene Gruppe. Ersehnt wird ein starker Mann wie Putin, der das Ruder herumreißt und wieder Ordnung und Respekt herstellt. Verzweifelt wird so ein Haltepunkt gesucht, der einen in einer brüchigen Welt mit Stolz und Zuversicht erfüllen kann. Bezeichnend dafür ist, dass sich Mitglieder aus der rechten Szene nicht allein, sondern nur im Schutz einer fünfköpfigen Gruppe ins psychologische Tiefeninterview wagten. Der Gruppenführer fiel dabei durch eine Tätowierung auf seinem Hals auf. In großen Lettern stand dort: »Familie«.

Das innere Brodeln der meisten Bürger in Ostdeutschland wurde bis zur Flüchtlingskrise durch eine harmonisierende Bravheit abgedämpft. Gemeutert wurde – wie in den Zeiten der Unterdrückung – eher im Stillen oder im Schutz eines haltgebenden Kollektives. Die Menschen pflegen die Familie oder den Freundeskreis, diese bieten eine stabilisierende Zuflucht im Alltag. Hier suchen sie den Zusammenhalt, die Geborgenheit und die unmittelbare Bestätigung, die ihnen die Leistungsgesellschaft nicht bietet.

Und hier steht man füreinander ein, unterstützt sich

und kümmert sich – um die alten Menschen, um die Kinder oder die Nachbarn, die sich selbst nicht mehr zu helfen wissen. Die Familie, aber auch die Ersatzfamilien des Freundeskreises oder des Vereins vermitteln den Menschen in einer brüchigen Welt ein Gefühl von Heimat, Geborgenheit, Zugehörigkeit und Wertschätzung. Um die familiären Bindungen zu erhalten, bleiben viele Menschen in ihrer Geburtsstadt oder dem näheren Einzugsgebiet verwurzelt.

Stabilität und Anerkennung suchen viele Menschen in einer Hinwendung zum vertrauten Lebensalltag. Viel Zeit verbringen sie im eigenen Heim, der beliebtesten Stätte tätiger Selbstwirksamkeit. Zu Hause können sie beherzt die Dinge anpacken, in Ordnung bringen oder pflegen. Der eigene Garten wird mitunter sogar als paradiesischer Ort erlebt – als eine Art »Schrebergarten Eden«: In diesem privaten Auenland kann man zur Ruhe kommen, die Natur bändigen, Wachstums- und Entwicklungsprozesse täglich fördern und schließlich die Früchte seiner Arbeit unmittelbar ernten. Bodenständigkeit und eine große Naturverbundenheit bestimmen aber auch viele Bereiche der Freizeitgestaltung. Vor allem Wandern und Fahrradfahren werden immer wieder als bevorzugte Hobbys genannt. Aber auch im Werkeln in der eigenen Garage oder im Keller und bei Bastelarbeiten mit Kindern kommt man zu sich und genießt das Gefühl, ein eigenes konkretes Werk zu schaffen. Diese Hinwendung zum elementaren Lebensalltag wird vom Westen häufig als »kleinbürgerlich« bewertet, aber sie schafft einen erdenden Gegenentwurf zu der gehetzten Glücksmaximierung im Westen, in der die Menschen sich immer stärker vom Alltag entfremden.

Wenn jedoch die Familie, die Heimat und der vertraute Lebensalltag zu einer erdenden Zuflucht in einer Welt werden, in der sich viele Menschen in Ostdeutschland zunehmend fremd und wenig wertgeschätzt fühlen, können Flüchtlinge als Bedrohung gesehen werden. Die Bedrohung kann daher auch von jungen Nachbarn, Freunden oder Familienangehörigen ausgehen, die aus der Heimatregion »flüchten« und aus wirtschaftlichen Gründen in den Westen gehen. Leer stehende Häuser, geschlossene Schulen und Geschäfte oder Kollegen, die mutig ihr privates oder berufliches Glück im Westen oder im Ausland gesucht haben, verstärken das Gefühl mancher Bürger, selbst das Risiko eines Neuanfangs zu scheuen und daher zurückgelassen, zurückgesetzt und entwertet zu werden.

Die Bedrohung kann aber auch von Flüchtlingen ausgehen, die aus fernen Ländern in die Heimat kommen. Mit den Fremden wächst die Angst der Menschen, all das zu verlieren, was ihnen vertraut ist, und sich noch fremder im eigenen Land zu fühlen. Der von mir im ersten Kapitel beschriebene Mechanismus, dass ein bereits bestehendes diffuses Unbehagen durch die Flüchtlinge fassbar gemacht werden kann, greift im Osten noch stärker. Für die schon lang bröckelnden sozialen Bindungen, die erodierenden Gemeinschaften und das eigene Befremden können jetzt die Flüchtlinge verantwortlich gemacht werden. Da zudem viele Menschen im Osten nicht über jahrzehntelange Erfahrungen in Bezug auf Zuwanderung in eine multikulturelle Gesellschaft verfügen, hatten sie noch keine Chance, Vorurteile und Ängste durch reale Erfahrungen zu korrigieren. Ihr Gefühl mangelnder Wertschätzung vertieft sich, wenn auf einmal die Flüchtlinge hofiert und gefeiert werden, wenn also die 1989 selbst erlebte Willkommenseuphorie jetzt Menschen zuteilwird, die vollkommen anders sind. Und wiederum werden – wie früher bei den Flüchtlingen aus Ostdeutschland – die gefeiert, die sich todesmutig auf den Weg machen und die so das eigene brave Bleiben, Abwarten und Erdulden als kleinmütig erscheinen lassen.

In dem Maße, in dem die Wut, die Enttäuschung und die Aufgewühltheit vieler Menschen hauptsächlich als ostdeutsches Problem und nicht als ein gesamtdeutsches Problem gesehen werden, wächst die Gefahr einer mentalen Spaltung Deutschlands. Denn dadurch wird ein Zerrbild von einem guten und bösen Deutschland, von Hell- und Dunkel-Deutschland gezeichnet, das pauschal alle Menschen in Ostdeutschland entwertet und erneut die moralisch-politische Überlegenheit des Westens postuliert.

Trump und der Hass auf die Eliten

Die mangelnde Wertschätzung kann im Osten wie im Westen die Triebfeder für den Rückzug in Parallelgesellschaften sein, die ihrem Eigensinn und ihren eigenen Regeln verpflichtet sind und in denen man wieder das Gefühl hat, ein Ziel, eine Aufgabe und eine Bedeutung zu haben. Salonfähig werden dann auch in Deutschland martialische Gestalten wie Donald Trump, gerade weil sie die etablierten Spielregeln des demokratischen Diskurses und der politischen Korrektheit außer Kraft setzen, gerade weil sie die Ressentiments gegen die Eliten oder die blanke Verachtung des Establishments befördern. Sie wecken die rauschhafte Hoffnung, die erlittenen Kränkungen und Demütigungen umzukehren und es »denen da oben« heimzuzahlen. Sie versprechen, dass man endlich wieder gesehen wird, und sie verheißen die Wiedererlangung der einem eigentlich zustehenden Stärke und Macht und die Restauration einer Welt, die man wieder versteht und wo man seinen Platz und seine Zukunft hat.

So scheiden sich an einer Figur wie Donald Trump auch in Deutschland die Geister. Von den einen wird er verehrt als ein Mensch, der ungekünstelt, klar, ungeschminkt egoistisch ist. Er gilt als ein lebender Beweis, dass eben nicht der reflektierte Bildungsbürger, sondern der Mensch mit Bauchgefühl und finsterer Entschlossenheit wirtschaftlich und politisch erfolgreicher ist. Er wirkt trotz all seiner Lügen ehrlich, weil er wie ein kleines Kind seine Neigungen und Abneigungen offen zeigt und nicht durch diplomatische Zurückhaltung oder kultivierte Höflichkeit kaschiert. Und seine Verehrer trauen ihm zu, dass er die Welt verändern kann.

Für die anderen aber ist Trump die absolute Hassfigur, der personifizierte Unmensch. Gehasst wird seine Derbheit, seine Gier, seine affektive Zügellosigkeit, sein unbändiger Egoismus und Egozentrismus. Die Trump-Ablehner sehen in ihm das unberechenbare Kind, das mit dem Feuer spielt und durch seine Trotzanfälle die Welt in den Abgrund führen kann. Trump ist für sie das erklärte Gegenbild zu den eigenen Idealen und Werten. Dadurch wird er aber zu einer inversen Identitätsfigur, die einen unverzichtbaren Stellenwert im eigenen Lebensalltag erlangt.

Psychologisch interessant ist es daher, mit welcher innigen Hingabe auch die Trump-Hasser ihre tägliche Dosis Trump suchen. Begierig werden alle aktuellen Meldungen in der Zeitung, im Radio, im Fernsehen oder im Internet aufgesogen, die mit Trumps Tweets oder Taten zu tun haben. Sogleich wächst dann die kopfschüttelnde Empörung über seine neuerlichen Entgleisungen und Machenschaften. Und in dem Maße, wie man Trump als ewig unbeherrschten und unbelehrbaren Kindskopf entlarvt, fühlt man sich selbst auf einmal wieder erwachsen, vernünftig und dem gemeinen Amerikaner haushoch überlegen. Durch diesen Mechanismus wird auch für seine Ablehner Trump zum Trampolin. Sie fühlen sich umso größer, je mehr sie auf ihm herumspringen.

Abgrenzungsgestalten wie Donald Trump in Amerika oder all die Dummen, Unbelehrbaren oder geistig-moralisch Zurückgebliebenen vor allem im Osten des eigenen Landes können eine selbstgerechte und elitäre Haltung legitimieren, in der man nicht mehr bereit ist, sich selbst in Frage und den Unwägbarkeiten einer Entwicklung zu stellen. Denn im Abgleich mit diesen Gestalten sieht man sich in einer moralisch höherwertigen Position, die dazu berechtigt, den eigenen Lebensstil festzuschreiben und auf den eingeschlagenen Wegen zu bleiben: »Wieso sollen wir etwas ändern oder uns entwickeln? Wir sind doch schon so gebildet, so kultiviert und so vernünftig. Wenn alle so wären wie wir, dann lebten wir in einer besseren, gerechteren und nachhaltigeren Welt. Die anderen haben doch den Nachholbedarf an Entwicklung. Sollen die sich erst mal verändern. Sollen die doch erst mal im Losercamp resozialisiert und kultiviert werden.« Diese demonstrative Geringschätzung der jeweils anderen vergrößert die Kluft in unserer Gesellschaft. Sie verschärft die entwicklungsfeindliche Saturiertheit auf der einen Seite und die zerstörerische Wut auf der anderen Seite.

Unwillkommensein – zu wenig Zinsen, Wohnraum und Pflege

Viele Menschen machen kränkende Entwertungserfahrungen nicht nur im Hinblick auf ihre Ernährung, ihren Lebensstil oder ihren Bildungsgrad. Das Gefühl, in Deutschland nicht mehr willkommen zu sein und keine oder nur wenig Wertschätzung zu erfahren, kommt in vielen Lebensbereichen auf. Es manifestiert sich vor allem an der zunehmenden sozialen Ungleichheit. Am erfreulichen Wirtschaftswachstum in Deutschland partizipieren nicht alle Bürger in gleichem Maße. In den vergangenen 32 Jahren haben zwar die fünf Prozent der Einkommensschwächsten einen Zuwachs ihrer Kaufkraft von dreizehn Prozent erfahren, »die Kaufkraft einer Person im reichsten Prozent hat hingegen um (…) netto vierundvierzig Prozent zugenommen«. Seit dem Jahr 2000 ist die Kaufkraft der untersten dreißig Prozent der Menschen mit einem Vollzeitjob sogar gesunken.[7] Für das persönliche Gerechtigkeitsempfinden und für das Selbstwertgefühl eines arbeitenden Menschen ist es nicht nachvollziehbar, wenn mancher Manager oder Banker im Extrem das 500-fache des eigenen Einkommens verdient.

Auch die seit Jahren niedrigen oder mitunter sogar negativen Zinsen erleben viele Bürger als eine Geringschätzung der eigenen Arbeits- oder Lebensleistung. Die Nullzinspolitik bedeutet für sie nicht nur finanzielle, sondern auch schmerzliche ideelle Verluste. Denn die Ersparnisse sind ein quantitatives Abbild dessen, was der Einzelne über viele Jahre und Jahrzehnte erarbeitet, erwirtschaftet oder sich erspart hat. Diese persönliche Leistungsbilanz wird jetzt Monat für Monat in ihrem Wert geschmälert.

Auch der vor allem in den Großstädten und Ballungsgebieten immer knapper werdende und damit oft kaum noch bezahlbare Wohnraum signalisiert den Menschen, dass sie nicht willkommen sind. Ihr Bleiberecht und die Wahrung eines Platzes in ihrer Stadt müssen sie sich teuer erkaufen. Im Extrem fühlen sich Mieter wie Ausgestoßene, wenn sie sich ihr angestammtes Viertel nicht mehr leisten können, oder wie Zurückgestufte, wenn ihr Geld jetzt nur noch für eine kleinere Wohnung reicht. Die Gentrifizierung ganzer Stadtteile verstärkt das Gefühl mangelnder Zugehörigkeit. Und mitunter machen Mieter für ihr innerstädtisches Vertreibungsschicksal die Flüchtlinge verantwortlich, vor allem dann, wenn diese im eigenen Umfeld einen Platz zugewiesen bekommen. Die Schaffung von bezahlbarem Wohnraum ist daher eine der wichtigsten politischen Zukunftsaufgaben, um den Menschen hierzulande das Gefühl sicherer Verankerung und Beheimatung zu geben.

Auch der immer größer werdende Pflegenotstand in Deutschland zeigt, wie gering die Wertschätzung vor allem gegenüber den Älteren, Schwächeren und daher nicht mehr Erwerbsfähigen ist. Viele Menschen fragen sich: Was bin ich meinen Angehörigen und der Gesellschaft wert, wenn ich krank oder alt werde und mich nicht mehr selbst versorgen kann? Verdient all das, was ich in meinem Leben geleistet habe, Respekt, Anerkennung und eine pflegliche Behandlung auch in den Zeiten, in denen ich nicht mehr leistungsfähig bin? Im Märchen von den Bremer Stadtmusikanten machen sich die Alten, die nicht mehr gebraucht und schlecht behandelt werden, auf und nehmen ihr Schicksal selbst in die Hand. Sie verwandeln ihre Enttäuschung in Hoffnung – »etwas Besseres als den Tod findest du überall«. Aber die alten Tiere im Märchen sind noch handlungsfähig und nicht pflegebedürftig. Es ist eine zutiefst kränkende Vorstellung, fallengelassen, abgespeist und notversorgt zu werden, wenn nach einem langen und arbeitsreichen Leben die persönlichen Kräfte schwinden. Es ist und bleibt eine zivilisatorische Herausforderung, pfleglich und respektvoll mit Menschen umzugehen, die nicht mehr die Hoffnung und die Möglichkeit haben, aus eigener Kraft etwas Besseres zu finden.

In einer ähnlichen Logik wird auch die Rente von den Menschen als eine Wertschätzung treuer Dienste und jahrzehntelanger Pflichterfüllung gesehen. Einem so reichen und wirtschaftlich erfolgreichen Land gelingt es nicht allen Rentnern einen menschenwürdigen Lebensabend jenseits der Armutsgrenze zu ermöglichen.

Und gerade weil Deutschland vor allem im internationalen Vergleich als eine Insel des Wohlstands erlebt wird, erscheint die zunehmende Verwahrlosung öffentlicher Strukturen als Ausdruck mangelnder Wertschätzung. Vor allem das Gemeinwesen wird aus Sicht vieler Menschen sträflich vernachlässigt. Wieso gibt es Schulen, die mitunter nicht mehr über zivilisationstaugliche Sanitäranlagen verfügen? Was sagt das über den Wert aus, den man den Kindern, den Lehrern, den Eltern und der Bildung überhaupt zumisst? Und wieso müssen die Menschen ihren Weg zur Arbeit oder zur Ausbildung auf kaputten Straßen oder schadhaften Brücken antreten? Und auch der tägliche Stau wird als mangelnde Wertschätzung individueller Lebenszeit und kränkender Verlust der Autonomie erlebt. Denn im Stau geraten die Menschen immer wieder in eine temporäre Gefangenschaft.

Ordnungen – kein Freund und Helfer

Wenig wertgeschätzt und unterstützt fühlen sich die Menschen auch von den Ordnungen, die eigentlich unser Zusammenleben regeln und unsere Handlungsfähigkeit absichern sollen. Die Klage in den Tiefeninterviews wird immer lauter, dass sich seit Jahren der Geist vieler Verordnungen, Regelungen, Vorschriften und Gesetze zunehmend gegen ihre Anwender richtet. Was als vermeintlich nützliche Regelung verabschiedet wurde, wird dann häufig als Gängelei, als Formalismus oder als willkürliche Prinzipienreiterei erlebt.

Viele Menschen erkennen oder verstehen die Sinnhaftigkeit zahlreicher Ordnungen nicht mehr. Sie haben nicht mehr den Eindruck, dass ihre großen und kleinen Werke gefördert, sondern dass diese vielmehr behindert werden. »Die ganzen und immer komplizierteren Verordnungen in unserer Demokratie helfen doch nicht mehr den Menschen, sondern werfen ihnen Knüppel zwischen die Beine.« So erleben viele Bürger eine lähmende Überregulierung in vielen Lebensbereichen. »Die heutige Bauordnung ist doch so komplex, dass man nicht mehr bauen kann oder es für mich einfach zu teuer wird.« »Ich bin doch Fensterputzer und will doch Fenster putzen. Jetzt muss ich in meinem kleinen Büro sitzen und mich stundenlang um die Datenschutz-Grundverordnung (DSGVO) kümmern und blicke da einfach nicht durch.« »Der Friedrich Merz hat doch früher mal vorgeschlagen, dass die Steuererklärung auf einen Bierdeckel gehen sollte – ich brauche immer noch eine Tapetenrolle.«

Der Eindruck, von den staatlichen »Ordnungsmächten« nicht unterstützt, sondern drangsaliert zu werden, verstärkt die Sorge, dass Projekte unrealisierbar werden, weil man sich im Paragraphen- und Zulassungsgestrüpp verheddert. »Wir haben doch heute immer ausuferndere Gerichtsverfahren.« »Viele Großprojekte wie der Berliner Flughafen oder die Kölner Oper sind zum Scheitern verurteilt, weil niemand mehr alle Fäden in der Hand behalten kann.« »Während wir hier auf eine Baugenehmigung warten, wird in China eine Millionenstadt gebaut.«

Wenn die Ordnungen jedoch nicht als Freund und Helfer erlebt werden, wächst die generelle Ordnungsskepsis in der Bevölkerung. Diese Skepsis strahlt dann auch auf die Parteien und Politiker ab, die sich »von den Menschen und ihrem Lebensalltag abgekoppelt haben«. Häufig wird sie auch nach Brüssel verlagert. Die Europäische Union erscheint dann primär nicht mehr als ein einzigartiges Friedens- und Freiheitsprojekt, sondern als ein abgehobener, selbstreferentieller Bürokratieapparat, dessen Richtlinien die Bürger immer stärker einschränkt.

Die zunehmende Ordnungsskepsis droht auch das Grundvertrauen in die Demokratie zu unterhöhlen. Während die kleine Arbeits- und Alltagswelt überreguliert ist, erscheint die große Finanzwelt seit der Finanz- und Eurokrise als dereguliert. Hier sind entfesselte Spekulationen möglich, die jederzeit wieder ein gewaltiges schwarzes Loch entstehen lassen können. Und dieses Loch kann nicht nur die persönlichen Ersparnisse, sondern auch Immobilien und Banken oder gar ganze Staaten verschlucken.

2018 schürte vor allem der Dieselskandal den grundlegenden Zweifel nicht nur der Dieselfahrer, dass die politisch Verantwortlichen noch mit menschlichem Maß agieren. Denn die Autokäufer haben sich in Treu und Glauben darauf verlassen, mit den Dieselfahrzeugen eine umweltgerechte Technologie zu erwerben. Daher erleben sie es als zutiefst ungerecht, dass sie für einen Betrug der Autoindustrie mit Fahrverboten abgestraft werden und dazu gedrängt werden, sich ein neues Auto anzuschaffen. Die Stimmen werden lauter, in den Regierenden »Lobbyisten« oder »Marionetten« der Industrie zu sehen.

Vertrauen kann nur wiederhergestellt werden, wenn jenseits aller Partei- oder Klientelinteressen überprüft wird, ob unsere Ordnungen heute noch tragfähig sind. Vieles deutet darauf hin, dass wir in unserem Auenland in eine Überformalisierung geraten sind, die unsere Schaffenskraft und Lebensfreude durch immer diffizilere Kontrollzwänge ausbremst und Argwohn und Wut erzeugt. Es ist daher Zeit, unsere Ordnungen mit menschlichem Maß neu zu justieren und Leitlinien zu entwickeln, wie unser Gemeinwesen gerecht, lebenspraktisch und nachhaltig organisiert werden kann. Und diese Ordnungen müssen Gültigkeit für alle Bürger haben. Ansonsten verstärkt sich das Gefühl vieler Menschen, dass Teile der Elite und des Spitzenmanagements einen gesellschaftlichen Freifahrtschein besitzen und weder für ihre Gesetzesbrüche noch für ihre Fehler haftbar gemacht werden.

Der Wert und die Entwertung der Arbeit

Eine mangelnde finanzielle und ideelle Wertschätzung der eigenen Arbeit erleben heute schon viele Beschäftigte in Deutschland. Die Sorge der Menschen wächst, dass die vierte industrielle Revolution zu einer völligen Entwertung der Arbeit führen kann. Denn die Digitalisierung mit ihren exponentiellen Entwicklungssprüngen, die zunehmende Automatisierung und der einsetzende Siegeszug der künstlichen Intelligenz schüren die Angst, dass Maschinen und Algorithmen die menschliche Arbeitskraft vollständig ersetzen können. Eine tiefenpsychologische »Studie zur Bedeutung und zum Stellenwert von Arbeit in der digitalen Zukunft«[8] zeigt eine starke Verunsicherung quer durch alle Berufsgruppen, die durch Selbstberuhigung in Schach gehalten wird. So hoffen die Menschen, dass die digitale Zukunft Arbeitsabläufe vereinfacht und vor allem von harter körperlicher beziehungsweise ungeliebter Arbeit befreit oder zumindest entlastet. Immer wieder klingt die Verheißung an, dass jeder weniger und selbstbestimmter arbeiten kann und dass über die Digitalisierung der Fachkräftemangel aufgefangen werden kann.

Hinter dieser Selbstbeschwichtigung werden zentrale Ängste spürbar. Neben der Sorge um die eigene Ersetzbarkeit klingt immer die Angst vor der digitalen Inkompetenz an. Viele fürchten bei der rasanten digitalen Entwicklung, den Anschluss zu verpassen und nicht mehr mitkommen zu können. Schon jetzt erleben viele Beschäftigte, dass der Druck in den Betrieben und Unternehmen zunimmt und die Arbeit immer weiter verdichtet wird. Wer bereits das Gefühl hat, eigentlich rund um die Uhr erreichbar sein zu müssen, fürchtet, dass sich in der Verschmelzung von Arbeit und Freizeit das eigene Selbst zunehmend auflöst.

Das Kränkungspotenzial der drohenden Entwertung der eigenen Arbeit wird verständlich mit Blick auf ihren grundsätzlichen Wert für den Lebensalltag der Menschen. Denn Arbeit erfüllt sechs Grundbedeutungen, die weit über die Erfordernisse materieller Sicherheit und existenzieller Grundversorgung hinausgehen:

Arbeit schafft *erstens* einen wertschätzenden Halt im Leben. Der Arbeitende fühlt sich eingebunden in einen stabilen und verlässlichen Zusammenhang. Er erlebt sich einem Unternehmen zugehörig, seiner Firma oder seinem Betrieb, dem er häufig mit Vertrauen und Loyalität begegnet. Hier findet er täglich eine soziale Resonanz durch Lob, Zuspruch und Kollegialität: »Arbeit ist ja auch ein Stück Heimat, ich habe keine Familie. Mit den Kollegen ist man acht Stunden am Tag zusammen, da wird man aufgefangen, alle erleben das Gleiche.«

Die Arbeit bietet *zweitens* eine Alltagsstruktur. Sie rhythmisiert und organisiert das eigene Tagwerk: »Ohne Arbeit lebt man in den Tag hinein, dann verliert man ganz den Antrieb. Selbst mit einem Lottogewinn würde ich weiterarbeiten.« Diese Struktur ist die Basis für die »Work-Life-Balance« und die übergreifende Alltags- und Lebensgestaltung.

Die Arbeit kann *drittens* aber auch eine sinnstiftende Berufung schaffen. Dann ermöglicht sie, eigene Vorlieben, Interessen und Ressourcen zu verwirklichen und damit die eigenen Potenziale buchstäblich in Umsatz zu bringen. Und der persönliche Wert der Arbeit wächst in dem Maße, in dem der Arbeitende das Gefühl hat, eine mit Blick auf sich selbst oder die Gesellschaft sinnvolle Arbeit auszuüben.

Arbeit bringt *viertens* eine motivierende Aufstiegsperspektive. Mit der Arbeit verbindet der Einzelne einen stetigen Werdegang, der Persönlichkeitswachstum und das Vorankommen auf der Karriereleiter verheißt. Die damit verbundene Steigerung des beruflichen Ansehens und des gesellschaftlichen Status sowie die bessere finanzielle Entlohnung erleichtern es, sich den täglichen Entwicklungsmühen und -mühlen zu stellen.

Fünftens beschert die Arbeit aber auch tagtäglich Erfolgserlebnisse. Hier erlebt der Arbeitende seine individuelle Meisterschaft, die in seinem Können, in seiner Ausbildung und in seiner Erfahrung begründet ist. Und der abendliche Blick auf das geleistete Tagespensum erlaubt befriedigende Augenblicke eigenen Werkstolzes: »Als Kfz-Meister gehe ich darin auf, wenn ich ein Auto wieder ans Laufen bekomme, wenn der Motor stinkt und ich Ölflecken auf dem Hemd habe.«

Sechstens motiviert die Arbeit aber auch zur persönlichen Weiterentwicklung. Der Arbeitende geht mit der Zeit, er stellt sich neuen Herausforderungen und ist bereit, sich auf das Abenteuer lebenslangen Lernens einzulassen, weil Weiterbildung und persönliche Innovationsbereitschaft neue Aufgaben und Perspektiven eröffnen und die eigenen Potenziale entfalten: »Es gibt nichts Schlimmeres als einen langweiligen, eintönigen Job, wo man immer nur das Gleiche macht und auf der Stelle tritt.«

Im Zuge der Digitalisierung scheinen nun all diese Grundbedeutungen der Arbeit zur Disposition zu stehen und partiell entwertet zu werden. Statt Wertschätzung erlebe ich vielleicht demnächst, dass ich ersetzbar bin. Wie werde ich dann noch den Halt und Zuspruch der Kollegen erfahren können? Wie kann ich noch Sinn und Erfüllung finden in einer automatisierten Arbeitswelt, in der die Arbeit nichts mehr mit mir zu tun hat? Wo finde ich noch Struktur im Leben, wenn sich die Arbeitszeit verflüssigt, wenn alles Arbeit wird und mich die Belastung auffrisst? Wo finde ich noch eine Aufstiegsperspektive, wenn ich nur noch befristete Jobs bekomme? Wie erfahre ich noch Meisterschaft und Werkstolz, wenn ich immer öfter erlebe, dass meine Erfahrung nicht mehr gefragt ist und ich mich nur noch als Büttel der Digitalisierung erlebe? Und was ist, wenn ich in dieser rasanten

Entwicklung nicht mehr mitkomme und merke, dass ich den Herausforderungen, die an mich gestellt werden, nicht mehr gewachsen bin?

Schon jetzt befällt viele arbeitende Menschen das kränkende Gefühl, irgendwann überflüssig zu sein. Der Kurierfahrer rechnet damit, dass Drohnen oder selbstfahrende Autos bald seinen Job machen werden. Die Kassiererin im Supermarkt fürchtet die voll automatisierten Abrechnungsprozesse. Der Fitnesstrainer argwöhnt, dass der Fitness-Chip sein Training entbehrlich macht. Die Verkäuferin im Einzelhandel erlebt seit Jahren, dass immer mehr Kunden online bestellen.

Die Aufspaltung der Arbeitswelt

Die Arbeitswelt spaltet sich derzeit auf. Es gibt immer noch die alte Arbeitswelt, die in einer *Matchwork*-Logik funktioniert: der Passung von Mensch und Arbeit. Hier findet der Mensch noch seinen Arbeitsplatz, der zu seinen Fähigkeiten und Möglichkeiten passt. Hier existieren noch Werte wie Sicherheit, Beständigkeit und gegenseitige Verantwortung. Und hier finden wir vor allem zwei Typen – die Beständigen und die Pflichterfüllten.

Die Beständigen arbeiten brav in eher einfachen Jobs im Bereich Service und Dienstleistung. Die Hoffnung, dass ihr Fleiß und ihre Zuverlässigkeit eines Tages gesehen und belohnt werden, verleiht ihnen eine gewisse Sicherheit und Stabilität. Sie sehen zwar die Gefahr, dass sie irgendwann einmal ausgetauscht werden können, vertrauen aber darauf, als erfahrene und fleißige Kraft wieder einen vergleichbaren Job zu finden. Die Pflichterfüllten hängen sehr an ihrer Tätigkeit und ihrem Arbeitgeber. Sie erleben ihre Arbeit als erfüllend und definieren sich häufig über ihren Beruf. Als Konkurrenz erleben sie weniger die Digitalisierung als ihre Kollegen. Daher reißen sie die Arbeit oft an sich und versuchen sich unersetzbar zu machen.

Die neue Arbeitswelt funktioniert hingegen in einer *Stretchwork*-Logik: der völligen Mitbewegung und Anpassungsbereitschaft des Menschen an die temporär herrschenden Arbeitsbedingungen. Flexibilität, Wandelbarkeit, Kreativität und hochtourige Weiterentwicklung werden den hier Arbeitenden abverlangt. Hier finden wir vor allem die »hofierte Digitalelite« und die »Kreativ-Geschmeidigen«.

Die hofierte Digitalelite arbeitet in angesagten technikaffinen Branchen oder in Jobs rund um EDV und IT. Ihre Mitglieder erleben sich als unentbehrlich und als Gewinner der Digitalisierung. Dabei hängen sie mitunter gar nicht an ihrer Tätigkeit. Sie tun das, was aktuell gebraucht wird. Aber sie sind stolz darauf, etwa mit einem IT-Studium die beruflichen Weichen auf Erfolg gestellt zu haben. Sie genießen die Wertschätzung, die ihnen von ihren Chefs oder Kollegen zuteilwird.

Die Kreativ-Geschmeidigen bauen als Künstler, Grafiker oder Freiberufler auf ihre Beweglichkeit. Sie haben sich auch in der Vergangenheit nicht in konventionelle Jobstrukturen eingepasst. Sie brauchen ihren persönlichen Freiraum, um ihre Kreativität zu entfalten. Sie vertrauen darauf, dass ihre besonderen schöpferischen Potenziale vorerst nicht durch die Digitalisierung substituiert werden können. Durch ihre Neugier, ihre Abenteuerlust, ihre Flexibilität und vor allem durch ihr Engagement und ihre Frustrationstoleranz bei den unvermeidlichen Niederlagen oder Rückschlägen hoffen sie, langfristig erfolgreich zu sein.

Zwischen der alten Matchwork- und der neuen Stretchwork-Arbeitswelt existiert derzeit eine aufreibende Zwischenwelt, die in einer *Patchwork-Logik* funktioniert: dem Wechsel zwischen verschiedenen Arbeitsfeldern – oft bei gleichzeitiger Verdichtung der zu leistenden Arbeit. Hier finden wir vor allem die Vertriebenen und die Getriebenen, die sich als ausgebeutet, kaum gesehen und nicht wertgeschätzt empfinden.

Die Vertriebenen erleben sich häufig als die neuen Jobnomaden. Sie sind meist nur gering qualifiziert oder haben einen Migrationshintergrund. Oft haben sie bereits alles gemacht: Hilfsarbeit, Leiharbeit, Zeitarbeit, Gelegenheitsjobs oder Schwarzarbeit. Ihre Arbeit gestattet ihnen nur ein klägliches Auskommen am Rande des Existenzminimums. Meist sind sie enttäuscht, resigniert oder desillusioniert. Sie sehen in ihrer wenig erfüllenden

Arbeit keine langfristige Perspektive und gehen davon aus, durch die Digitalisierung alsbald ersetzt zu werden.

Die Getriebenen finden sich unter den Angestellten, in sozialen Berufen oder in kleineren Handwerksbetrieben. Oft lieben sie ihren Job, den sie engagiert ausüben, vermissen aber die gesellschaftliche und finanzielle Wertschätzung ihrer Arbeit. Durch die Digitalisierung erleben sie, dass sie durch den zunehmenden Preisdruck oder die Automatisierung nicht mehr rentabel arbeiten können. In den Betrieben geraten sie oft in eine Arbeitsverdichtung, der sie bereitwillig nachkommen, um ihren Job abzusichern. Oft bewegen sich die Getriebenen so am Rande der Selbstausbeutung.

Typisierung

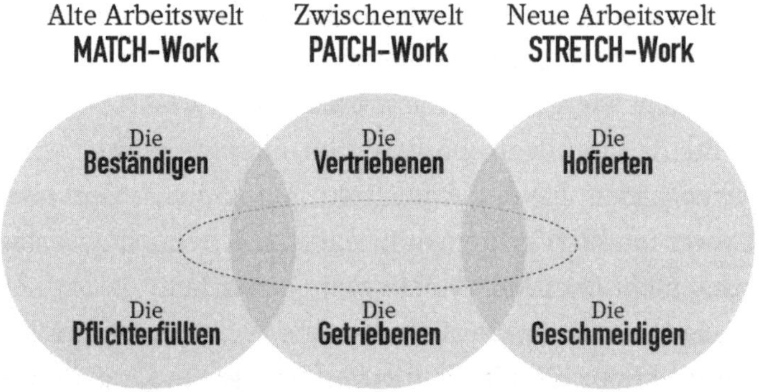

Quelle: Qualitative Wirkungsanalyse zu Bedeutung und Stellenwert von Arbeit in der digitalen Zukunft

Grundeinkommen und Korrumpierbarkeit

Die Aufspaltung der Arbeitswelt, die kränkende Beunruhigung und Entwertung der eigenen Arbeit, die häufig mit der digitalen Zukunft verbunden werden, führen derzeit bei den meisten Menschen nicht zu Wut- oder Panikreaktionen. Denn mit der Digitalisierung ist ein perfides System der Selbstkorrumpierung verbunden: Die mit der Digitalisierung verbundenen Ängste werden in Schach gehalten oder überlagert durch die entfesselten Verheißungen, die durch die Digitalisierung freigesetzt werden. In den Tiefeninterviews zur Zukunft der Arbeit schaukeln die Menschen so ständig zwischen Angst und Verheißung hin und her: Ist die Digitalisierung nicht doch der persönliche Sinnbooster, eine unerschöpfliche Quelle neuer sinnstiftender Ideen, die ganz neue Möglichkeiten der Selbstverwirklichung schaffen? Kann die neue Welt nicht eine wunderbare Welt totaler Ungebundenheit sein, die von den überkommenen Strukturvorgaben wie der Arbeitszeit von neun bis fünf oder Anwesenheitspflichten entbindet? Bietet die Digitalisierung nicht immense Aufstiegschancen? Jeder kann jetzt sein eigenes Start-up aufbauen und von null auf hundert durchstarten. Bietet die digitale Welt nicht ganz andere Formen der persönlichen Meisterschaft und Vervollkommnung? Und eröffnet die neue Welt nicht ein Schlaraffenland, in dem es keine Drecksarbeit mehr gibt und in dem jeder Mensch seine individuellen Potenziale entfalten und sich in immer neue Tätigkeiten und Berufszweige hineinverwandeln kann?

Diese Verheißungen wirken wie ein himmlisches Versprechen oder zumindest wie eine irdische Mohrrübe. Sie motivieren die Menschen dazu, über ihre Ängste oder bereits erlittenen Kränkungen und Ungerechtigkeiten hinwegzusehen. Und sobald diese Verheißungen dann wieder für einen Moment verblassen, tauchen sogleich vor dem geistigen Auge die Schreckgespenster und Ängste einer Welt auf, in der man vielleicht überflüssig werden kann. Und diese Ängste haben eine ähnlich motivierende Kraft, denn sie wecken die eigene Selbstdisziplin und die Bereitschaft zur bedingungslosen Selbstausbeutung, um diesem Schicksal zu entgehen.

Auch die Diskussion über das bedingungslose Grundeinkommen funktioniert in einer ähnlichen Verheißungs- oder besser gesagt Beschwichtigungslogik. Das Grundeinkommen ist vor allem ein großes und wichtiges Versprechen im Hinblick auf die Wahrung der existenziellen materiellen Sicherheit in der digitalen Zukunft. Es privatisiert aber die anderen beschriebenen Bedeutungsaspekte der Arbeit: die Erfahrung von Wertschätzung, die sinnstiftende Funktion des Berufes und die damit verbundene Lebensstruktur, die Aufstiegs- und Weiterentwicklungsperspektiven, das Erleben persönlicher Meisterschaft und Werkstolz. Diese Bedeutungsaspekte, die bislang den gesellschaftsstabilisierenden Wert der Arbeit ausgemacht haben, werden jetzt unter der Losung des individuellen Freiheits- und Entfaltungsgewinns dem Einzelnen aufgebürdet. Er trägt jetzt die Verantwortung für ein gelingendes Arbeitsleben mit all seinen Chancen, Risiken und Entwicklungsnotwendigkeiten. Das Adjektiv »bedingungslos« verweist auf diesen Doppelsinn. Dem arbeitenden Menschen der Zukunft werden keine Bedingungen gestellt, er ist aber auch bedingungslos: Er bleibt auf sich allein gestellt und ist seines Glückes Schmied. Die Unternehmen oder Betriebe fallen als bedingende Schicksalsgemeinschaft und Verantwortungsinstanz weg.

Wenn jedoch die Arbeit mit ihren Bedeutungs- und Sinnaspekten ausgekuppelt wird, droht eine weitere gesellschaftliche Zerreißprobe, sobald der Hoffnungszauber einer freigestellten Welt verfliegt: Wir werden in eine Dreiklassengesellschaft geraten, in der es Menschen gibt, die den inneren Antrieb und die Befähigung entwickeln, gestützt durch das Grundeinkommen ihre schöpferischen Potenziale zu entfalten. Es wird die völlig Entkoppelten geben, die ihre Unausgefülltheit, ihre Unzufriedenheit und das Gefühl, nicht mehr gebraucht zu werden, in partielle Besessenheit verwandeln. Und es wird die Arbeiter geben, die sich flexibel der Eigenlogik autonomer digitaler Systeme anpassen, die wirtschaftlich zwar sehr erfolgreich sind, aber Gefahr laufen, zum bloßen und möglichst reibungslosen Funktional zu werden und in der Arbeit keine persönliche Sinnstiftung mehr zu finden.

Ein funktionierendes Gemeinwesen braucht aber auch in der digitalen Zukunft Arbeit, die auf gemeinsame Werke und Unternehmungen bezogen ist. Sie braucht Betriebe und Firmen, die nicht nur auf Effizienz und Gewinnmaximierung ausgerichtet sind, sondern auf ein menschliches Maß: auf Vertrauen, gegenseitigen Austausch, auf gemeinsame Entwicklung und auf gemeinsamen Erfolg. Und auf die Wertschätzung jedes Einzelnen.

3

Der Verlust der Orientierung

Von der entfesselten Beliebigkeit zur tagträumerischen Borniertheit

Der Verlust des inneren Kompasses

Die Aufgewühltheit vieler Bürger, ihr Gefühl, die Orientierung zu verlieren, und die wachsende Sehnsucht nach einfachen und radikalen Lösungen wird häufig damit erklärt, dass die Welt so komplex geworden ist. Das ist aber allenfalls die halbe Wahrheit, denn sie war auch früher unübersichtlich und heterogen. Und die Menschen haben immer schon versucht, die Komplexität zu reduzieren und zu organisieren, um überhaupt handlungsfähig sein zu können – in der großen Welt der Politik ebenso wie in der kleinen Welt des eigenen Alltags. »Simplify your Life« hieß Anfang des Jahrtausends ein Bestseller von Tiki Küstenmacher, der versprach, das Leben der Menschen spürbar zu vereinfachen.

Aber diese Fähigkeit des Komplexitätsmanagements ist in den vergangenen Jahrzehnten verloren gegangen. Das zeigt eine Studie, die das rheingold-Institut im Auftrag der Bertelsmann-Stiftung durchgeführt hat[9]. In den Tiefeninterviews ging es darum, zu verstehen, in welchen Zeithorizonten die Wähler denken, ob sie bei ihren Wahlentscheidungen eher kurz- oder langfristig orientiert sind und welche Einflussfaktoren letztlich ihre politische Meinungsbildung beeinflussen. Die Studie zeigt dabei deutliche Unterschiede zwischen Wählern, die älter als fünfzig Jahre sind, und Wählern, die jünger als fünfunddreißig sind.

Die politische Sozialisation der älteren Wähler war geprägt durch das Erleben der Nachkriegsjahre und die Auseinandersetzung darüber, welche Rolle der Vater oder Großvater in der Nazizeit gespielt hat. Dann haben sie den Kampf um neue gesellschaftliche Konzepte in Folge der 68er-Bewegung und das Aufkommen der Grünen miterlebt. Und sie sind in einer Zeit aufgewachsen, in der es noch klare Parteibilder und politische Fronten gab. Sie haben auf Basis dieser Erfahrungen meist ein konsistentes und übergreifendes politisches Leitbild ausgebildet, das bei Wahl- oder Richtungsentscheidungen als innerer Kompass fungiert.

Man kann sich dieses Leitbild als eine kognitive Landkarte vorstellen, von der man ablesen kann, ob eine eingeschlagene Richtung zum Ziel führt oder nicht. Wer eine solche kognitive Landkarte hat, muss in seinen politischen Entscheidungen nicht auf Sicht agieren, sondern kann langfristig ermessen, wohin der politische Kurs führt. Dieses politische Leitbild veranschaulicht dem Menschen wie ein Funktionsmodell, wie die Gesellschaft oder die Wirtschaft funktioniert. Mit Hilfe eines solchen Funktionsmodells können die Wähler einschätzen, welche Eingriffe in das Gesellschafts- oder Wirtschaftsgetriebe produktiv oder schädlich sind.

Ein Angestellter Anfang fünfzig beispielsweise bezeichnet sich im Tiefeninterview als konservativen Demokraten. Er wählt treu CDU und lehnt radikale Positionen von links oder von rechts kategorisch ab. Seine politische Haltung gründet sich in dem Leitbild, dass die Wirtschaft der Motor des Landes ist. Dieses Land braucht sichere und verlässliche Rahmenbedingungen, die wie eine Karosserie den Motor schützen. Damit er nicht abgewürgt wird, darf der Staat wie auch der Unternehmer nur mit dem Geld wirtschaften, das er tatsächlich hat. Ein arbeitgeberfreundliches Klima und eine generelle Innovationsbereitschaft müssen dafür sorgen, dass zukünftig auch weiter die Zufuhr des Motors gesichert ist. Zudem solle die Wirtschaft auch sozialverträglich sein, denn auch zufriedene Arbeiter leisten ihren Anteil daran, dass der Motor reibungslos läuft. Maßnahmen wie die Rente ab 63 erlebt er von seiner gefestigten Weltanschauung aus als bloße Wahlgeschenke, die sich der Staat eigentlich nicht leisten kann. Obwohl er Nutznießer dieses Geschenks wäre, lehnt er die Rente mit 63 kategorisch ab.

Von einer gefestigten Weltanschauung, die den Charakter eines programmatischen Leitbildes hat, können Wähler eine klare politische Haltung entwickeln. Von hier aus können sie ermessen, ob Maßnahmen wie etwa die Energiewende für die Zukunft angemessen sind. Und sie sind bereit, diese mitzutragen, selbst wenn sie ihnen hier und heute nichts einbringen. Ihre konsistente Haltung führt dann dazu, dass ihre politischen Entscheidungen meist relativ stabil und langfristig ausgerichtet sind.

Der situative Eigennutz als unberechenbarer Gradmesser

Die Wähler zwischen neunzehn und fünfunddreißig Jahren sind ganz anders sozialisiert worden und sie verhalten sich oft auch anders als die Generation über fünfzig. Ihre Meinungsbildung und ihr Wahlverhalten sind meist viel pragmatischer und situationsabhängiger, da ihnen konsistente politische Leitbilder als Richtschnur langfristiger Entscheidungen meist fehlen. Sie folgen bei der Wahl häufig dem kurzfristigen situativen Eigennutz. In dieser Logik werfen sie im Vorfeld der Wahlen einen kurzen Blick auf die Wahlprogramme oder besser gesagt die »Parteiangebote« und checken, was den aktuellen Eigeninteressen entgegenkommt. Die Meinungsbildung und die Wahlentscheidungen speisen sich darüber hinaus aus den Fernsehduellen vor der Wahl, oder den Wahlplakaten, die die komplexe Problematik in verdaubare Happen herunterbrechen. Vor allem der Wahl-O-Mat ermöglicht den bequemen Abgleich der Positionen der Parteien mit den Themen, die gerade für die eigene

Lebenslage aktuell sind. So bekennt eine junge Frau: »Die Umwelt ist mir eigentlich sehr wichtig, aber bei einer der letzten Wahlen habe ich dann doch die FDP gewählt, weil ich gelesen habe, dass die die Praxisgebühr abschaffen wollen.«

Auch junge Familien mit Kindern haben bei ihren Wahlentscheidungen die Zukunft oft nicht im Blick. Denn der Alltag mit seinen multiplen Aufgaben und (Über-)Forderungen, den wir uns später im Buch näher ansehen werden, nimmt viele Familien sehr in Anspruch. Das macht sie vor allem für die Maßnahmen oder Wahlgeschenke empfänglich, die ihnen eine unmittelbare Entlastung bieten – ganz gleich, von welcher Partei sie offeriert werden. Die kurzfristige Aussicht auf mehr Kindergeld ist dann häufig wichtiger als eine langfristige Investition in ein besseres Bildungssystem.

Die politischen Entscheidungen werden so immer öfter von einer punktuellen Pragmatik statt von einer übergreifenden Programmatik bestimmt. Dennoch ist auch vielen jüngeren Wählern eine überdauernde und stabilisierende Haltung in der Politik wichtig. Die Verantwortung dafür wird aber an die Politiker und vornehmlich an die Bundeskanzlerin delegiert, die dadurch in eine Doppelrolle gedrängt wird. Sie soll gleichzeitig als verlässliche und berechenbare Mutter Merkel das Land stabilisieren und als entgegenkommende Tante

Emma Sonderangebote für den persönlichen Eigennutz offerieren.

Das Abhandenkommen des inneren Kompasses wird die Demokratie in Zukunft über die zunehmende Orientierung am situativen Eigennutz hinaus verändern. Denn ohne festen Standpunkt und ohne Leitbild wächst ein schwelendes Misstrauen gegenüber den Parteien und den Regierenden, das bei missliebigen oder bei unmittelbar nicht einleuchtenden Entscheidungen immer wieder neu aufzuflackern droht. Diese nervöse Skepsis fördert bei Enttäuschungen die Bereitschaft zu rasanten Umschwüngen bei politischen Präferenzen und Wahlentscheidungen. Plötzlich werden neue Parteien entstehen wie im Jahre 2006 die Piratenpartei oder im Jahre 2013 die AfD, die losgelöst von einer ganzheitlichen politischen Programmatik eine Zeit einzelne Themen, partiale Interessen artikulieren und dann wieder verglimmen.

Langfristig betrachtet wird unsere Demokratie daher immer unberechenbarer. Denn auch jenseits der Wahlen wird sich das politische Handeln der Bürger immer häufiger in spontanen Affektabfuhren erschöpfen, die ähnlich wie der Shitstorm in den sozialen Netzwerken funktionieren. Hier brechen dann die destruktiven Energien durch, die früher durch eine konsistente politische Weltanschauung gebunden wurden. Hysterisch oder in wahnhafter Manier geißeln die Bürger dann vermeintliche Missstände, Ungerechtigkeiten oder Bedrohungen und fordern punktuelle und drakonische Maßnahmen.

Von der coolen Gleichgültigkeit …

Der Verlust des inneren Kompasses wurde lange Zeit nicht als schmerzliche Einbuße, sondern als verheißungsvolle Befreiung erlebt. In meinem Buch »Deutschland auf der Couch«[10] habe ich beschrieben, wie sich im Verlauf der neunziger Jahre das gesellschaftliche Klima beinahe unbemerkt revolutionierte. Die Jugend befreite sich stillschweigend von den Denkzwängen, von den starren Orientierungsmustern, den ideologischen Leitbildern und Festlegungen, die sie bei ihren Großeltern, bei ihren Eltern oder Bekannten, die dem Geist der 68er nahestanden, beobachteten. Die stete Betroffenheit der älteren Generation, ihr dauerndes Leiden an der Verkehrtheit der Welt, am Waldsterben, am Wettrüsten, am Ozonloch wurde für sie zum Stein des Anstoßes.

Gegenüber dieser demonstrativen Betroffenheit und dem als bremsend empfundenen Weltschmerz setzten die Jugendlichen das Ideal einer »coolen Gleichgültigkeit«. Sie versuchten, eine abgeklärte Distanz zur Wirklichkeit zu gewinnen, und stiegen aus dem Generationskonflikt und dem damit verbundenen Kampf um die

Deutungshoheit der Welt aus. Von einer abgehobenen Beobachterposition aus betrachteten sie die Welt wie eine Art Fernsehspiel: Wem nicht gefällt, was er sieht, zappt einfach weg. Aus der bindenden politischen Programmatik wurde für sie ein jederzeit wählbares oder abwählbares Programm.

Aus ihrer souveränen Beobachterposition entwickelte die Jugend der neunziger Jahre eine Art Relativitätstheorie der Wirklichkeit: Es gibt keine letzte Wahrheit; keine Idee oder Ideologie darf eine ultimative Gewissheit für sich beanspruchen. Die Welt zerfällt in Hunderte von Teilwahrheiten, die nebeneinanderstehen, die alle gleichermaßen wahr und unwahr sind und die alle die gleiche Gültigkeit beanspruchen dürfen. Wenn aber alles gleichermaßen gültig ist, kann ich auch gleichgültig sein. Wieso sich also aufregen, wieso immer betroffen sein? Wieso soll man sich schmerzlich einer Idee überantworten, die vielleicht doch falsch sein könnte und die irgendwann sowieso zum Scheitern verurteilt ist?

Der unbewusste Antrieb war die Frage, ob man nach dem Ende des Kalten Krieges und der deutschen Teilung nicht schuldlos und vor allem schmerzlos erwachsen werden könnte. Mit dem Blick auf die Geschichte ihrer Eltern und Großeltern kamen die jungen Menschen zu dem Schluss, dass Schuld und Schmerzlichkeit immer dann entstehen, wenn man mit Leidenschaft auf eine Idee oder Ideologie setzt: Der Großvater glaubte an den

Nationalsozialismus und stand dann spätestens 1945 vor den Trümmern seines Lebensbildes. Der Onkel im Osten hat an den Sozialismus geglaubt und erlebte Ende der achtziger Jahre den Systemzusammenbruch. Der eigene Vater hat an die APO-Ideale geglaubt und steht heute desillusioniert und zerknirscht am Tresen. Müssen wir diese Fehler wieder machen, fragten sich die Jugendlichen. Können wir nicht schuldlos und schmerzlos erwachsen werden, wenn wir uns vom Ballast der Ideologie und der Programmatik befreien?

Die coole Gleichgültigkeit und die damit verbundene Entideologisierung des Lebens bereitete den Boden für ein spaßbewegtes Leben im fröhlichen Einvernehmen mit den Eltern – inklusive eines langen Verbleibs im sogenannten Hotel Mama. Und sie begründete das schon beschriebene Stillhalteabkommen mit der Politik, also den weitgehenden Verzicht auf eigenes politisches Engagement und die Kritik an den Regierenden, solange die Versorgungsleistungen und Rahmenbedingungen stimmen. Der Generationskonflikt als zentraler Motor gesellschaftlicher Entwicklung geriet in den neunziger Jahren in eine Art Leerlauf. Die Jugend stellt seitdem nicht mehr radikal das Establishment und die herrschenden Verhältnisse in Frage. Aber ohne diese Dialektik des Konfliktes entstehen auch keine neuen Visionen und Zukunftsutopien. Die schon beschriebene Sehnsucht nach einer permanenten Gegenwart und die unbedingte Konservierung oder Abschottung des deutschen Auenlandes sind aktuelle Spätfolgen der coolen Gleichgültigkeit.

… zur entfesselten Beliebigkeit

Die Befreiung von richtungsweisenden Ideologien und einem programmatischen Kompass verheißt eine berauschende Entfesselung. Die Umgrenzungen und Festlegungen, die unser Denken und unser Leben einzuengen drohen, sind erst einmal weg. Das Leben verspricht richtungsoffener, freier, lockerer und unbeschwerter zu werden. Bisher unbekannte Horizonte und Perspektiven eröffnen sich. Nichts scheint auf einmal unmöglich, und die befreite Gesellschaft feiert eine Art Ganzjahreskarneval, der den Alltag tatsächlich bunter, vielgestaltiger, exotischer, bewegter und verwandlungsfreudiger macht. Das Gegenbild zu dem karnevalesken Reichtum der ideologiebefreiten Gesellschaft ist das Gemeinwesen, dessen Lebensäußerungen durch das herrschende Dogma einer Ideologie durchformt werden. Der Alltag wirkt hier grau oder monochrom, normiert und standardisiert, gebückt und beschränkt, asketisch und streng.

Allerdings wird die verlockende Vielfalt oder besser gesagt die berauschende Multioptionalität auch zu einer steten Herausforderung. Das Gespenst der entfesselten

Freiheit ist ein schier unermesslicher Möglichkeitsraum, der gesichtet und gewichtet, der bestellt und gestaltet werden will. Ich werde in den nachfolgenden Kapiteln, in denen es um Männer, Frauen und Jugendliche geht, beschreiben, wie die Befreiung von begrenzenden Leit- und Rollenbildern den Alltag nicht nur bereichert, sondern auch belastet. Wenn alles gleichermaßen gültig ist, dann können die Menschen eben nicht, wie erhofft, cool bleiben, sondern sie geraten unter den Druck all dieser Optionen, die doch gleichermaßen gültig sind und die auch den Anspruch erheben, gleichermaßen erfüllt zu werden. Entscheidungsnöte, die stete Qual der Wahl, multiple Perfektionsansprüche und die damit verbundene Überforderung sind die enervierenden Kehrseiten einer entfesselten Welt.

In einer entfesselten Gesellschaft spreizt sich das zu Beginn dieses Kapitels beschriebene Verhältnis von Komplexität und Komplexitätsmanagement: In dem Maße, in dem die Fähigkeit des Komplexitätsmanagements durch die Befreiung vom inneren Kompass verbindlicher Leitbilder und Richtungsbestimmungen abnimmt, nimmt auch die Vielgestaltigkeit und damit die Komplexität der Welt zu. Das lässt sich am Beispiel des Familienmanagements als der bürgerlichen Grundform des Komplexitätsmanagements ausführen.

Meine Frau Katharina Grünewald leitet als Psychologin eine private Beratungsstelle für Patchworkfamilien.

In ihrer täglichen Praxis erlebt sie immer wieder, dass viele Eltern in der klassischen Familie sich zunehmend schwer damit tun, eine gemeinsame und für alle verbindliche Leitidee zu entwickeln, wie die Familie funktionieren soll. Welche Freiheiten soll jeder haben, und welche Pflichten sollen vom Einzelnen erfüllt werden? Wie sehen die Rollen- und Funktionszuteilungen aus? Wer bestimmt über die Umsetzung der familiären Hausordnung? In einer Welt, in der sich traditionelle Leitbilder und Rollenmuster aufgelöst haben, müssen all diese Fragen individuell ausgehandelt und entschieden werden. Eine Aufgabe, die manche Familie an den Rand ihrer Belastungsgrenze bringt.

Wenn aber schon das Management in einer klassischen Familie zu einer aufwühlenden Herausforderung wird, dann wird sich diese Aufgabe größer noch in einer Patchworkfamilie zeigen, in der unterschiedliche Familienkulturen integriert werden müssen und in denen in potenzierter Form Verletzungen, Verratsgefühle, Loyalitätskonflikte, Neid und Rivalität gemanagt werden müssen. Neben den klassischen Familien und den Patchworkfamilien ersten Grades gibt es heute ein buntes Kaleidoskop unterschiedlicher Formen: die alleinerziehende Mutter oder der Vater, der allein die Betreuung seiner Kinder übernommen hat. Die Eltern, die noch wegen der Kinder zusammenleben, aber sich innerlich schon getrennt oder voneinander entfernt haben. Die verschiedenen Formen von mehrfach gepatchten Familien. Die Homoehe, in der die Kinder adoptiert werden. Oder das lesbische Paar, das durch künstliche Befruchtung Nachwuchs bekommen hat.

Orientierungslosigkeit und Ohnmacht

Vor allem im Alltag ist die Welt wirklich komplexer geworden. Sie hat insgesamt den Charakter eines vielgestaltigen und bunten Patchworks. Noch in den achtziger Jahren hatten die Zuschauer die Auswahl zwischen einer Handvoll von Fernsehsendern. Heute gibt es Hunderte von Kanälen, die jeder rund um die Uhr ansteuern kann. Ähnlich verhält es sich auch mit den digitalen Radioprogrammen oder den Möglichkeiten, Musik zu streamen. Damit sind wir bereits im medialen Paralleluniversum des Internets mit seinen unendlichen Angeboten und seinen sozialen Netzwerken, die jeweils einen eigenen Kosmos darstellen.

Selbst die Parteienlandschaft ist breiter und bunter geworden. Dennoch hat das im Erleben der Wähler nicht zu einer Differenzierung und klaren Konturierung der politischen Haltungen geführt. Im Gegenteil erleben die Wähler den Politikbetrieb zunehmend als breiig und die etablierten Parteien als austauschbar. Das liegt daran, dass auch diese ihren inneren Kompass und die ihn begründenden programmatischen Leitbilder verloren haben oder ihn weitgehend relativiert und den demoskopischen Tagesströmungen überantwortet haben. Aber wenn sie keine klar erkennbaren Positions- und Richtungsbestimmungen mehr vorgeben, verschärft das die eingangs beschriebenen Schwierigkeiten der Wähler, sich in einer komplexen Welt langfristig zu orientieren. Denn mit dem inneren ist auch der äußere Kompass verloren gegangen.

Da sich die Welt ständig und aktuell sogar rasant verwandelt, führt der Verlust des inneren und äußeren Kompasses dazu, dass diese Wandlungen nicht mehr als befreiend, sondern als beliebig, als unberechenbar und willkürlich erlebt werden. In vielen Tiefeninterviews beschreiben die Menschen das wiederkehrende Gefühl, dass ihnen der Boden, der feste Grund oder buchstäblich der Stand-Punkt unter den Füßen entgleitet. Sie fühlen sich zunehmend orientierungslos und ohnmächtig. Oft wissen sie nicht, was sie tun sollten. Denn wer handelt, braucht einen stabilisierenden Standpunkt und ein konsistentes Leitbild, das die Folgen seines Handelns absehbar und verstehbar macht.

Da diese Gefühle der Orientierungslosigkeit und Ohnmacht schwer aushaltbar sind, versuchen viele Menschen verstärkt wieder einen festen Grund zu erlangen und einen unumstößlichen Standpunkt zu gewinnen. Mitunter scheint dies erstaunlicherweise einfacher zu gelingen, wenn dieser feste Grund auf einer Lüge aufgebaut ist. Im Jahre 2016 wurde das Wort »postfaktisch« von der Gesellschaft für deutsche Sprache zum Wort des Jahres gewählt. Parallel zu dieser Entwicklung wurde der Kampfbegriff der »Lügenpresse« reaktiviert, der sich seit Mitte des 19. Jahrhunderts im deutschen Sprachgebrauch findet und mit dem sich ursprünglich konservative Katholiken gegen die neu entstandene liberale Presse richteten und der dann im Ersten Weltkrieg auf die Presse der Feindesstaaten zielte. Das Wort »Lügenpresse« wurde im Jahre 2014 zum Unwort des Jahres.

Wir befinden uns daher in einer Gemengelage, in der vor allem die öffentlich-rechtlichen Medien und die überregionalen Tageszeitungen, die die Menschen täglich mit der Komplexität der Welt konfrontieren und zu deren Berufsethos es gehört, bei der Recherche und Publikation faktenbasiert zu arbeiten und die Grundsätze der Objektivität zu wahren, der Lüge bezichtigt werden. Umgekehrt werden Gerüchte, Mutmaßungen, offensichtliche Lügen, Verdrehungen oder Verschwörungstheorien bereitwillig als »alternativen Fakten« geadelt.

Aus psychologischer Sicht ist es zwar wichtig, die Gegebenheiten der Realität wahrzunehmen, aber wir erlangen dabei nie die reine Objektivität. Unser Interesse ist immer auf etwas gerichtet, und dadurch werden auch unsere Wahrnehmung und Auffassung modelliert und fokussiert. Und jede Zeit überformt natürlich mit ihren moralischen Standards und ihren mehr oder minder explizierten Glaubensgewissheiten das, was wir wahrnehmen wollen oder wahrnehmen können. Der Umstand, dass wir die Wirklichkeit ungewollt in eine bestimmte Richtung »frisieren«, wird bei Spielfilmen über das alte Rom oder die Ritterzeit deutlich, in denen die Protagonisten Frisuren haben, die eher dem modischen Geschmack der Zeit entsprechen, in denen der Film gedreht wurde, als der Historie. Letztlich finden wir in den Medien immer nur Wirklichkeitskonstruktionen, die sich aber daran messen lassen müssen, ob in ihnen die sich zeigenden Phänomene und die nachprüfbaren Faktizitäten aufgehoben sind.

Die Wahrheit über die Lüge

Wenn die Wirklichkeitskonstruktionen nicht mehr an ihrem faktischen Gehalt gemessen werden, droht die Gefahr einer »Demokratie der Nichtwissenwollen-Gesellschaft«, wie der Schweizer Physiker und Philosoph Eduard Kaeser postuliert.[11] Die gefühlte Wahrheit wird wichtiger als die Konstruktion, die auf Fakten basiert. Ins breite öffentliche Bewusstsein gelangte das Thema Fake News oder postfaktisches Zeitalter vor allem durch den Wahlkampf des US-Präsidentschaftskandidaten Donald Trump. Zu den irritierendsten Phänomenen dieses Wahlkampfes gehört, dass die Glaubwürdigkeit von Donald Trump weitaus besser bewertet wurde als die von Hillary Clinton. Das ist höchst erstaunlich, weil bereits im Sommer 2016 eine Überprüfung der unabhängigen Seite Politfact ergeben hatte, dass 76 Prozent seiner Aussagen gelogen waren. Bei Hillary Clinton waren es »nur« 27 Prozent.

Aber worin liegt das Erfolgsgeheimnis der Lüge? Während meines Psychologiestudiums habe ich mich mit Glaubhaftigkeitskriterien beschäftigt, die der Psychologe Udo Undeutsch an der Universität zu Köln entwickelt hatte. Er arbeitete als Gerichtsgutachter im Bereich der forensischen Psychologie. Seine Aufgabe war es, den Wahrheitsgehalt von Zeugenaussagen wissenschaftlich zu begutachten. Sein Credo war dabei, dass dafür nicht von der Glaubwürdigkeit der Person, sondern von der Glaubhaftigkeit der Aussage ausgegangen werden müsse. Auch eine wenig glaubwürdige Person wie etwa ein Krimineller kann in einer konkreten Situation die Wahrheit sagen. Und umgekehrt kann auch eine höchst glaubwürdige Person wie etwa ein Richter im konkreten Fall lügen.

Aber was unterscheidet nun psychologisch betrachtet eine wahre von einer unwahren Aussage? Udo Undeutsch entwickelte eine Vielzahl von Kriterien im Hinblick auf die Glaubhaftigkeit einer Aussage, die ich hier nur gerafft wiedergebe.[12] Wahre Aussagen zeichnen sich durch Detailreichtum aus. Sie enthalten viele Einzelheiten, die mit dem eigentlichen Tathergang erst einmal nicht so viel zu tun haben. Im Vergleich mit unwahren sind die wahren Aussagen oft viel umwegiger. Sie verirren sich mitunter in völlig irrelevante Randaspekte oder in Seitenthemen. Mitunter verstricken sie sich auch in Widersprüche oder belasten indirekt die eigene Person. Wahre Aussagen wirken daher oft mühsam. Ihnen haftet eine undramaturgische Zähigkeit und Schwerfälligkeit an.

Ganz anders die Lüge. Unwahre Aussagen wirken oft viel stringenter und zielgerichteter. Der Lügende konzentriert sich auf das Wesentliche, um sich nicht versehentlich zu verzetteln. Unwahre Aussagen zeichnen sich daher durch Prägnanz, Widerspruchsfreiheit und Klarheit aus. Sie folgen einer stimmigen Dramaturgie. Ihren Mangel an Faktizität kompensieren sie durch dichterische Freiheit und einen persönlichen Gestaltungswillen, der mit Verve und Leidenschaft die Wirklichkeit nach eigenem Gusto konstruiert oder zurechtbiegt.

Im Vergleich zur Lüge wirkt die Wahrheit fade, kompromisshaft und unsexy. Während die Wahrheit die Widersprüchlichkeit und die unvermeidlichen Grautöne unserer Wirklichkeit widerspiegelt, erscheint die Lüge als eine prägnante und schillernde Gestalt. Der Volksmund warnt zwar zu Recht, dass langfristig betrachtet »Lügen kurze Beine haben«. Aber kurze Beine sind nicht nur ein Makel. Ein Fußballweltstar wie Lionel Messi demonstriert das bei jedem Spiel. Gerade die Kurzbeinigkeit ist bei Messi ebenso wie bei der Lüge ein wesentlicher Erfolgsfaktor. Sie garantiert Antrittsschnelligkeit und situative Wendigkeit beim Ausspielen – sei es der Gegenspieler oder argumentativer Einwände.

Schlagfertigkeit und eine große argumentative Wendigkeit bestimmten auch den Wahlkampf von Donald Trump. Seine hohe Glaubwürdigkeit gründete sich vor allem in der pulsierenden und mitreißenden Energie seiner Dichtungen. Dagegen hat schwerlich eine Chance, wer nur den Regeln der sachlichen oder politischen Korrektheit, aber keinem höheren Ziel folgt. Die »Political Correctness« produziert oft nur verschleiernde Ausgewogenheit und Vagheit. Ihr oberstes Ziel ist es nicht, andere zu begeistern, sondern es möglichst allen recht zu machen, niemandem vor den Kopf zu stoßen. Trumps Lügen hingegen entwickelten einen verhängnisvollen Reiz, weil sie gegen alle Einwände der Wirklichkeit ein verheißungsvolles oder erlösendes Zukunftsbild malen, dem viele Menschen nur allzu gern folgen würden. In einer komplexen, festgefahrenen und verunsicherten Welt ohne greifbare Zukunftsperspektive macht die Botschaft eines Aufbruchs, eines wiedererstarkten Landes, einer neuen Chance das Rennen – selbst wenn sie nur kurze Beine hat.

Die Tagesschau – Verdichtung und Wahrheit

Sind wir also wirklich in einem Übergang zu einer »Nichtwissenwollen-Gesellschaft«, in der das Faktische bei der Rezeption der Medien keinen Wert mehr hat? Aus psychologischer Sicht hatten die Medien immer schon eine Funktion, die weit über das Faktische, also eine möglichst objektive Informations- und Aufklärungsaufgabe, hinausgeht. Selbst die Tagesschau erfüllt – als das klassische Fernsehformat der täglichen Nachrichtenvermittlung – viel weiter gehende Aufgaben als die bloße Aufbereitung der wesentlichen Tagesentwicklungen. Das zeigt eine Studie, die das rheingold-Institut für die ARD[13] durchgeführt hat.

Vor allem bei den Zuschauern über fünfzig Jahre, die mit der Tagesschau aufgewachsen sind, genießt sie oft noch ein hohes Ansehen – zumindest von den Menschen, die sie nicht pauschal den »Lügenmedien« zurechnen. Für ihre treuen Zuschauer ist die Tagesschau die letzte Pflicht des Tages. Sie versetzt ihre Rezipienten in eine Habachtstellung. Konzentriert wie in einer Schulstunde verfolgen sie die Informationen, Sachverhalte und Zusammenhänge, die ihnen vom Sprecher »verkündet« und vermittelt werden. Die fünfzehn Minuten dauernde »Abendschule« hat daher den Charakter einer lehrreichen Aufklärung, die dabei hilft, die Tagesgeschehnisse ohne Effekthascherei und Sensationslust zu verstehen und einzuordnen.

Aber es bleibt nicht bei der bloßen Informationsvermittlung, da auch bei der Tagesschau das Medium die Botschaft ist. Die Zuschauer achten darauf, wie der Moderator oder die Moderatorin gekleidet sind, welche Worte sie benutzen, ob und wie sie die Stirn runzeln, welche Themen sie und die Redaktion auswählen und damit der Öffentlichkeit zugänglich machen. Dadurch hat die Tagesschau auch einen normierenden und legitimierenden Charakter. Das Kleid oder die Krawatte der Moderatoren setzen – ebenso wie die Wortwahl oder die Verwendung neuer Begriffe – modische Standards und zeigen, was im öffentlichen Raum erlaubt ist. Die Tagesschau definiert so implizit den Rahmen und den Spielraum der bürgerlichen Ordnung, der dann von den privaten Sendern gelockert und erweitert, entspannt und buchstäblich privatisiert wird.

Durch ihre eherne Konstanz und ihre klare Struktur fungiert die Tagesschau aber auch als kultureller Haltepunkt. Sie prägt auch bei den Nichtsehern den Biorhythmus des Landes, da die Zeit zwischen acht und Viertel nach acht immer noch als feierabendlicher Fixpunkt in der Tagesgestaltung gilt. Bei den Sehern schafft sie in einer entrhythmisierten und verfließenden Welt für eine Viertelstunde das Gefühl einer gemeinsamen und vertrauten Verbindlichkeit: »Ich weiß jeden Abend, dass meine Großeltern jetzt auch vorm Fernseher sitzen und die Nachrichten gucken. Und wenn ich in den Innenhof gucke, sehe ich, dass manche Nachbarn das auch sehen.« Und mit dieser Gemeinsamkeit ist mitunter auch das erhebende Gefühl verbunden, zum erlesenen Kreis der deutschen Bildungsbürger zu gehören.

Die Tagesschau hat für die Zuschauer aber auch eine lebenspraktische Alltagsrelevanz. Die gezeigten Kriege und Konflikte, die Siege und Niederlagen, die politischen Spannungen und Stabilisierungsversuche oder die klimatischen Wetterumschwünge sind auch Gleichnisse für die Geschehnisse des eigenen Tages. Die Tagesschau eröffnet ebenso wie die Tageszeitung mit ihrem breiten thematischen Spektrum den Blick auf die eigenen Grundkonflikte und Spannungen, auf die Fort- oder Rückschritte, auf die überraschenden Wendungen, die den eigenen Tag bestimmt und gefärbt haben. Auf der Weltbühne der Tagesschau verfolgen die Zuschauer ebenso wie in der Antike beim Theaterbesuch daher unbewusst auch immer ihre persönlichen Schicksalsentwicklungen und Lebensverhältnisse.

Von daher geht es selbst bei den Nachrichten den Menschen nie allein um »Fakten, Fakten, Fakten«, sondern auch um Sinnbilder, die tagtäglich ein tieferes Verstehen der eigenen Alltagszusammenhänge und der damit verbundenen Sehnsüchte, Ängste und Lebensfragen ermöglichen. Der Wert der Medien bemisst sich daher nicht nur an ihrem objektiven Wahrheitsgehalt, sondern auch an ihrer Eignung zur Selbstbespiegelung, die sich in der Sinnbildlichkeit der medialen Erzählungen, in der Kunst der Dichtung und Verdichtung universaler menschlicher Verhältnisse begründet.

Medien sollen also idealiter einerseits einen Realitätsbezug gewährleisten, andererseits eine Selbstbespiegelung ermöglichen. Aus dieser Doppelfunktion resultiert die Relevanz von Dichtung und Wahrheit, die sich derzeit allerdings dramatisch in Richtung der Dichtung verschiebt. Der Realitätsbezug droht einer möglichst ungebrochenen medialen Selbstbespiegelung oder besser gesagt tagträumerischen Selbststeigerung geopfert zu werden. Wir können die derzeit stattfindende fundamentale Umwandlung des Medienverhaltens und die damit verbundenen Auswirkungen besser verstehen, wenn wir von der These ausgehen, dass die Medien drei ganz unterschiedliche Logiken bedienen können: die Alltagslogik, die Traumlogik und die Tagtraumlogik. Bislang haben die verschiedenen Medien mit unterschiedlicher Gewichtung alle diese drei Logiken bedient. Derzeit erleben wir jedoch den medialen Siegeszug der Tagtraumlogik.

Alltagslogik versus Traumlogik

Bislang war das Fernsehen das wichtigste Medium der Deutschen, zeigt die Studie »Bewegtbild im Wandel«, die rheingold 2018 im Auftrag der Mediengruppe RTL durchgeführt hat.[14] Das Fernsehen hat nicht nur wegen Formaten wie der Tagesschau für die Zuschauer die Funktion eines Realitätsankers, der vor allem die Alltagslogik der Menschen stützt oder mit bewegt. Das Fernsehen greift den ganzen Kanon des Lebens auf: Talkshows eröffnen den Zuschauern die unterschiedlichen Perspektiven, die mit einem strittigen Thema verbunden sind, und helfen mitunter dabei, eine eigene Position zu finden oder zumindest die fremde Position besser nachvollziehen zu können. Ratgebersendungen lenken den Blick auf den eigenen Alltag und die damit verbundenen Fragen, von der Kindererziehung über den richtigen Einkauf bis zur erfolgreichen Selbständigkeit. Auch Reality-Formate geben den Zuschauern Einblick in unterschiedliche Lebensverhältnisse und die mitunter seltsamen Wechselfälle des Alltags.

Als gesellschaftliche Ereignisquelle schafft das Fernsehen vor allem bei Länderspielen, bei großen Showformaten oder beim Tatort eine Event-Plattform für Gemeinschaftsgefühle. Selbst der Zuschauer, der allein vor dem TV sitzt, taucht in eine familiäre Kulisse ein. Die bekannten Gesichter und die vertrauten Formate schaffen ein Gegenüber, mit dem sich die Zuschauer verbunden fühlen können.

Auch die Zuschauer, die sich einfach vom Fernsehen berieseln und unterhalten lassen wollen, bewegen in der Regel ihren Alltag buchstäblich mit. Da das Fernsehen meist nicht die ganze Aufmerksamkeit der Zuschauer absorbiert, eröffnet es den Raum für Nebentätigkeiten. Die Zuschauer räumen nebenbei die Wohnung auf, kümmern sich um das Essen, lesen ihre Mails, surfen im Internet oder unterhalten sich mit Freunden oder Familienangehörigen.

Das Fernsehen stützt die Alltagslogik der Menschen auch, indem es wie ein geheimer Taktgeber durch die verschiedenen Programmschienen und die festgelegten Sendeplätze am Morgen, Mittag, Nachmittag, Vorabend und in der Primetime den Tag strukturiert. Dabei folgen die Zuschauer jedoch nicht nur passiv den Taktungen und Programmangeboten der Sender. Sie zappen aktiv durch die Sender und suchen in der Gefühlsapotheke Fernsehen die zur Tageszeit passenden Stimmungsangebote auf, die erregen, beruhigen oder harmonisieren.

Auch wenn die Zuschauer von einer Serie oder einem Spielfilm gefesselt werden, tauchen sie beim Fernsehen nie ganz ab. Spätestens die nächste Werbepause stellt den Bezug zu den eigenen Alltagsgeschäften wieder her. Der Spot über die Tütensuppe erinnert daran, dass auch die eigene Familie hungrig ist und bekocht werden will. Der Waschmittelspot gemahnt daran, dass die Schmutzwäsche wartet. Und die dann auf den Spielfilm folgende Nachrichtensendung öffnet für den Zuschauer wieder ein Fenster zur Welt da draußen und ermöglicht ihm so eine umfassende Lebens- und Realitätsvergewisserung, die weit über den kleinen Kreis des eigenen Lebens hinausgeht.

Während das Fernsehen seinen Schwerpunkt in der Alltagslogik hat, bedient das Kino in erster Linie die Traumlogik. Ebenso wie in den nächtlichen Träumen sind die Zuschauer im Kino motorisch stillgelegt. Sie sitzen buchstäblich wie gefesselt in ihren Sitzen, können sich kaum bewegen, geschweige denn kochen, bügeln oder sich unterhalten. Die besinnungslose Betriebsamkeit ihrer Alltagsgeschäfte weicht am Abend oder in der Nacht einer besinnungsvollen Unbetriebsamkeit. Sie garantiert, dass wir buchstäblich nichts anrichten können, eröffnet dafür jedoch die ungeahnten ästhetischen Freiräume der eigenen oder der filmischen Traumfabrik.

Unsere Träume konterkarieren die Betriebsblindheit des Tages und führen uns vor Augen, welche Sehnsüchte, Ängste oder Lebensformen in der Hektik unseres Alltags aus dem Blick geraten sind. Dadurch erweitern sie ebenso wie die Traumfabrik des Kinos die Perspektive auf uns. Sie lassen uns für zwei Stunden eintauchen in die Dramen des Lebens, aus denen wir Einsichten für uns selbst gewinnen können. Viele Kinofilme fesseln uns auch seelisch, weil sie die Mächte, Muster oder Schicksale spiegeln, die unser Leben bestimmen. Und weil sie uns vor Augen führen, wie wir anders leben könnten. Der Psychologe Dirk Blothner bezeichnet in seinem lesenswerten Buch das Kino deshalb als »das geheime Drehbuch des Lebens«[15].

Alltagslogik und Traumlogik stehen so in einem produktiven Ergänzungsverhältnis. Während wir am Tage produktiv bis zur Erschöpfung sind, sorgt die Traumlogik des Kinos und der Spielfilme dafür, dass wir wieder schöpferisch werden und eine neue Perspektive auf uns, unseren Alltag und unser Leben gewinnen. Wir lassen uns von ihr motivieren, eingefahrene Gleise zu verlassen und das Drehbuch unseres Lebens umzuschreiben.

Tagtraumlogik und Realitätsausblendung

Medial auf dem Vormarsch ist die Tagtraumlogik. In Abgrenzung zu Träumen haben Tagträume gemeinhin nicht die Funktion, uns neue Impulse zu geben und uns im Leben weiterzubringen. Sie kompensieren vielmehr die Kränkungen, die uns im Alltag widerfahren. Wenn wir im Büro erleben, dass uns der Chef kritisiert, mutieren wir im Tagtraum selbst zum Boss oder zum viel gelobten Helden der Arbeit – mitunter auch zum finsteren

Rächer, der den Chef beschämt oder demütigt. Wenn wir beim Fußball von den Mitschülern als Letzter gewählt werden, können wir im Tagtraum das Nationalteam zum umjubelten WM-Sieg ballern. Wenn wir im realen Leben schüchtern sind, verwandeln wir uns in unseren Tagträumen zum charmanten Verführer oder zur bezaubernden Verführerin.

Im Tagtraum wachsen wir über uns hinaus und sind unbesiegbar. Das ist meist nicht produktiv, aber ungemein tröstend und beruhigend. Es lässt uns erlebte Zurücksetzungen oder Misserfolge leichter ertragen und besser ausblenden. Der Tagtraum ist das Auenland, das uns niemand in unserem Alltag nehmen kann, die imaginäre Endstation unserer uneingelösten Sehnsüchte. Aber dieser Fluchtpunkt wird für viele Menschen immer mehr zu einem zentralen Bezugspunkt. Das Internet oder das Universum der Computerspiele eröffnen einen schier unendlichen Fundus an Bildern, Sequenzen oder Geschichten, die unsere Tagträume unterfüttern, sie anregen oder ausgestalten. Mitunter übertreffen die digitalen Angebote sogar unsere kühnsten Tagträume.

Vor allem Anbieter wie Netflix oder Amazon Prime, die den Zuschauern in ihren Portalen per Video-on-Demand (VoD) unzählige Spielfilme und Serien bereitstellen, bedienen heute diese Tagtraumlogik. Die Zuschauer haben rund um die Uhr die Möglichkeit, Serien zu streamen und eine Folge nach der anderen zu schauen. Diese Möglichkeit wird immer stärker am Feierabend in der sogenannten Primetime und am Wochenende genutzt.

Mitunter tauchen die Nutzer sogar das ganze Wochenende in die Parallelwelt einer Serie ab. Sie treffen zwar eingangs eine Entscheidung für eine Serie, geraten dann aber in den Sog dieser Erzählung, die per Knopfdruck endlos weiterverfolgt werden kann. Dadurch landen die Zuschauer mitunter ungewollt in einer intensiven Selbstfesselung. Sie legen sich für lange Zeit still, erleben das aber als neue Form der medialen Selbstbestimmung. Den mitunter suchtartigen Charakter des Dauer-Serienguckens feiern die Zuschauer dabei stolz als rekordverdächtige persönliche Ausdauerleistung beim »Staffel-Lauf« bzw. «Binge-Watching«.

Die Zuschauer sehen sich oft selbst als die neue Medien-Avantgarde, und sie erschließen sich über Video-on-Demand auch neue und anregende Serien, die sie im linearen Fernsehen nie entdeckt hätten. Der Reiz an den Angeboten von Netflix und Co. liegt aber nicht nur in der Entdeckung neuer Welten, sondern in einer Formatierung und Homogenisierung der eigenen Welt. Denn während ein Kinofilm für zwei begrenzte Stunden im besten Fall einen erkenntnisreichen Kontrapunkt zu unserem Alltag setzt, eröffnet jede Serie den Zuschauern eine eigene ausgedehnte Wirklichkeit mit vertrauten Figuren, denen sie sich verbunden fühlen. Sie folgen einem dramaturgischen Strickmuster, das zwar kurzfristig immer wieder immense Spannung bietet, langfristig jedoch Vorhersehbarkeit verspricht, denn nach einigen Folgen haben die Zuschauer das Erregungs- oder Überraschungsprinzip der Serie verstanden. Diese Konfektionierung eröffnet jedoch grandiose oder ungeheuerliche Erlebnissteigerungen, die bislang den persönlichen Tagträumen vorbehalten waren.

In der vielleicht bekanntesten und erfolgreichsten Serie »Breaking Bad« beispielsweise folgen die Zuschauer der ungeheuerlichen Wandlung eines an Lungenkrebs erkrankten biederen Chemielehrers zu einem rücksichtslosen Kriminellen, der Rauschgift produziert und damit dealt. Die kontinuierliche Abwärtsspirale und Höllenfahrt des Protagonisten, der auf eine immer schiefere Bahn gerät, hat für die Zuschauer rauschhaften Charakter. In der ursprünglich für das Fernsehen konzipierten Serie »Dexter« sympathisieren die Zuschauer mit einem Forensiker, der für das Miami-Metro Police Department Blutspuranalysen durchführt, aber in seiner Freizeit Selbstjustiz übt und dadurch selbst zum Serienmörder wird. Der seit seiner Kindheit traumatisierte, gefühlskalte und beziehungsgestörte Held versucht, seinen Morden eine moralische Legitimität zu verleihen, indem er nur Mörder oder Serienkiller tötet, die von der Justiz nicht belangt worden sind.

Gemeinsam ist allen Serien, dass sie eine weitgehende

Alltagsflucht ermöglichen. Die Zuschauer tauchen stundenlang oder tagelang in eine vertraute Tagtraumblase ein, die abgekoppelt ist von der Außenwelt. Jenseits der begrenzenden Alltagslogik agieren sie ihre kompensatorischen Tagträume von Größe, Macht, Unterwerfung und Erotik schier endlos aus. Anders als beim klassischen Fernsehen findet beim Dauer-Seriengucken über Video-on-Demand kaum ein gemeinsamer Austausch statt. Mit anderen Sehern der Serien außerhalb des eigenen Haushaltes können sie nicht ausführlich über die Serie reden – zu groß ist dann die Gefahr, dass man Handlungsstränge verrät, die die anderen in ihrer Staffeletappe noch nicht erreicht haben. Selbst beim gemeinsamen Gucken sind alle konzentriert und mit möglichst wenig Ablenkung allein in ihrer Eigenwelt und sozusagen »lost im stream«.

Anders als beim Fernsehen werden die Nutzer der Streamingplattformen auch nicht mehr systematisch und regelmäßig mit der Welt da draußen konfrontiert. In den Tagtraumblasen gibt es keine Werbung mehr, die an die Alltagspflichten erinnert, keine Zeitschienen und Taktungen, die den Alltag strukturieren, keine Nachrichten, die den Blick nach außen wenden, keine Ratgeber, die uns für die Fallstricke des Alltags sensibilisieren, keine Talkshows, die unsere Position in Frage stellen oder uns zum Umdenken animieren.

Mentaler Inzest und Echoraum

Die Möglichkeiten der Realitätsausblendung sind mit der technologischen Entwicklung der vergangenen Jahre immens gestiegen. Denn im Zuge der Digitalisierung sind auch die Medien von Zeit und Raum befreit. Sie erlauben uns rund um die Uhr und überall, die Welt so zu machen, wie sie uns gefällt. Die Schicksalsdramatik, die großen Probleme und Herausforderungen, die Niederlagen und Weltrettungen ereignen sich dann nicht mehr auf der Bühne unseres realen Alltagslebens, sondern im simulierten Leben unserer medial konfektionierten Tagträume.

Die Digitalisierung und vor allem das Internet versprach allerdings in seinen Anfangszeiten etwas anderes. Das Internet sollte das Medium der Aufklärung und Weltoffenheit sein. Ein demokratisches Medium, das allen Menschen rund um den Erdball den Zugang zum Weltwissen und zu allen erdenklichen Informationen, Nachrichten oder Ereignissen eröffnet. Ein Medium, das weltweit verbindet und wildfremde Menschen miteinander ins Gespräch bringt. Mit den Anfängen des Internets fühlten sich die Menschen als Pioniere, die die endlosen Weiten des Netzes erkunden und erobern. Aber ohne einen inneren Kompass und eine feste weltanschauliche Haltung fühlten sich die Nutzer in den unendlichen Gefilden dort schnell verloren. Es wurde für sie zu einem Netz ohne Boden.

Festen Grund fanden die Nutzer, indem sie im Netz nur noch das bereits Bekannte und Wohlvertraute aufsuchten. Das Internet wurde daher nicht zu einer weltoffenen Aufklärungsinstanz, sondern zu einem narzisstischen Selbstbespiegelungsraum, in dem die Menschen tagein, tagaus um die immer selben Themen kreisen: den Lieblingsverein, die eigene Homepage, das eigene soziale Netzwerk. Sie bleiben im kleinen Kreis ihrer Hobbys, ihrer Interessen, ihrer partiellen Besessenheiten und Perversionen. Das Internet fördert dadurch nicht die Welterfahrung, sondern die Weltfremdheit und die Tendenz zum mentalen Inzest.

Damit trägt das Internet dem Umstand Rechnung, dass das Seelenleben eben nicht nur durch Neugier und Experimentierfreude bestimmt ist, sondern auch durch die Sehnsucht nach dem Vertrauten, Verwandten und Immergleichen. Im Zuge dieser komplexitätsreduzierenden Beharrungstendenz würden wir am liebsten in unseren vertrauten Verhältnissen und eingespielten Lebensmustern kleben bleiben. Wieso in die Ferne schweifen, wenn das Gute liegt so nah? Wieso sich dem Fremden, Unbekannten aussetzen und etwas Neues riskieren, wenn man sich doch in der angestammten Umgebung wohlfühlt? Laut einer humorvollen Anekdote sagt der kleine Gustav zu seinem Vater: »Papa, du hast es gut. Du konntest Mutter heiraten. Ich muss mir eine wildfremde Frau suchen.«

Aufgrund dieser lebensverengenden Beharrungstendenz hat jede menschliche Zivilisation ein Inzesttabu errichtet. Dieses Tabu soll verhindern, dass die Menschen in der Nestwärme stecken und weltfremd bleiben. Es soll jeden dazu ermuntern, den engen Kreis der Familie, der Sippe oder des Stammes zu überschreiten. Es fordert uns auf, trotz aller Gefahren in die Welt zu gehen und sich mit Fremdem und Anderem auseinanderzusetzen. In dieser Logik gab und gibt es in unserer Kultur noch andere Loslösungsgebote. Die Lehr- und Wanderjahre der Lehrlinge ebenso wie die Auslandsaufenthalte der Schüler oder Studenten sollten zum Beispiel garantieren, dass die jungen Leute den Horizont ihres Kirchturmes überschreiten und sich mit neuen Erfahrungen und neuen Lebens- oder Arbeitsperspektiven bereichern. Das Inzesttabu sichert durch dieses produktive Austauschprinzip daher nicht nur das Erbgut der Menschen, sondern auch den technologischen oder sozialen Fortschritt. Dieses Verbot ist Wegbereiter einer liberalen Gesinnung. Neue Ideen, Weltoffenheit und Toleranz gegenüber anderen Lebensformen sind die produktiven Begleiterscheinungen. Das Inzesttabu »erzieht« sozusagen die Menschen zur Liberalität.

Diese Liberalität droht aber derzeit verloren zu gehen.

Denn die sozialen Netzwerke fördern statt des weltweiten Erfahrungsaustausches neue Formen des Meinungsinzests. Für den Internetpionier David Gelernter ist das Internet »eine Maschine zur Verstärkung unserer Vorurteile«, weil wir aus der Vielzahl der Angebote genau das auswählen, was unseren Meinungen oder Vorstellungen entspricht. Und dieser Wunsch nach einer Konformität des Denkens begünstigt die Entstehung von Echoräumen. Hier bleibt der Nutzer unter seinesgleichen, hier pflegt er den Austausch unter Gesinnungsverwandten. Hier entstehen neue Formen archaischer Stammesbildung. Und hier findet er die Bestätigung, dass genau seine Weltsicht die einzig richtige ist.

Gleichzeitig sind diese Echoräume oder Internetblasen jedoch auch extrem transparent und von allen unmittelbar einseh- oder einhörbar. Die fremden oder feindlichen Töne und Ansichten sind daher ständige Störmomente, die sich nie gänzlich ausblenden lassen. Die ebenso permanente wie unausweichliche Konfrontation mit dem Fremden führt jedoch wie beschrieben nicht zu einer vertiefenden Auseinandersetzung, sondern einerseits zu wütender Abwehr, andererseits zu einer weiteren Festigung der eigenen mentalen Wagenburg. Das Internet befördert dadurch nicht nur die inzestuöse Stammesbildung, sondern es führt auch zu jederzeit wieder neu auflodernden Stammeskriegen.

Aber auch jenseits des Internets wächst die Tendenz, in den immer gleichen Themen, Sichtweisen und Interessen stecken zu bleiben und sich nicht nur geistig immer stärker abzuschotten. Auch der Strukturwandel in unseren Städten und die zunehmende Gentrifizierung zeugen von der Sehnsucht, sich nur noch unter seinesgleichen aufzuhalten.

Aber wie soll Europa in Zukunft funktionieren, wenn die Menschen sich zunehmend in ihren eigenen Milieus verschanzen, wenn nicht die Dialektik, sondern Dialekt, Brauchtum und das Altvertraute zum zentralen und alleinigen Bezugspunkt unserer Identität werden? Wie kann Gemeinsinn hergestellt werden, wenn die Menschen nur noch ihrer persönlichen Wahrheit folgen und sich nur noch für ihre eigenen kurzfristigen Interessen engagieren? Die Gefahr ist groß, dass die entfesselte Beliebigkeit, die der coolen Gleichgültigkeit der neunziger Jahre entsprungen ist, in einen Zustand tagträumerischer Borniertheit umschlägt. Ein Zustand, der zunehmend weltfremd und realitätsblind macht. Eine seelische Verfassung, in der sich die Menschen von der Komplexität der Alltagslogik verabschieden und sich in die Eigenlogik ihrer Tagträume und Hirngespinste fliehen.

Digitaler Größenwahn

4

Der Mensch im digitalen AppSolutismus

Die Verheißung totaler Allmacht und Kontrolle

Der Prothesengott, das Smartphone und der magische Zeigefinger

Die technologischen Entwicklungen der vergangenen Jahre und vor allem die Erfindung des Smartphones bergen Verheißungen, die das im letzten Kapitel beschriebene Orientierungsvakuum füllen oder gar fluten und die Eigenlogik unserer Tagträume unterfüttern. Das Smartphone ist erst seit dem Jahr 2007 auf dem Markt. Aber wie kein anderes technologisches Produkt hat es den Alltag der Menschen verändert – und ihre Erwartungen an das Leben. In unseren psychologischen Studien wird deutlich, dass wir deswegen unser Menschenbild ändern müssen. Der Mensch heute verfügt mit dem Smartphone über einen zusätzlichen Körperteil, mit dem er beinahe verwachsen ist. Diesen Körperteil erleben die Menschen als ein unverzichtbares Zepter der Macht. Das Smartphone verheißt seinen Nutzern eine fast gottähnliche Allmacht und Allwissenheit. Auf Knopfdruck können sie das Weltwissen ergoogeln. Per Wisch können sie geschäftliche Transaktionen tätigen oder Bilder in alle Welt verschicken. Die Menschen verfügen über einen magischen Zeigefinger, der sie sogleich mit all ihren Bezugspersonen verbindet und ihnen rund um die Uhr das Gespenst der Langeweile vom Leib hält.

Bereits Zwölfjährige fühlen sich mit dem Smartphone als kleine Könige und brillieren durch spielerische Weltbeherrschung. Sigmund Freud bezeichnete den Menschen schon vor mehr als achtzig Jahren[16] als »Prothesengott«. Er braucht Hilfsmittel, um seine Wünsche nach Kraft, Macht, Geborgenheit, Schutz, Kontrolle und Wissen zu erfüllen. Aber heute spürt er seine Prothesen beinahe nicht mehr, weil er mit dem Smartphone oder einer Apple Watch beinahe verwachsen ist. Schmerzlich bemerkbar wird seine Prothese erst, wenn die Akkuleistung verbraucht ist oder das Betriebssystem streikt. Wenn man mit den Menschen im psychologischen Tiefeninterview über diese Störmomente spricht, dann entsteht oft ein Moment bleierner Stille und Betrübnis. Und dann beschreiben die Menschen ein Gefühl des Abgeschnittenseins von der Welt, das wie ein Amputationserlebnis oder eine Nahtoderfahrung anmutet.

Der neue digitale Körperteil verspricht, dass Prozesse, die früher mühselig, kleinschrittig und extrem zeitaufwendig waren, jetzt kinderleicht und sekundenschnell vonstattengehen. Beinahe jeder kennt das mit dieser rasanten digitalen Taktung einhergehender Gefühl gesteigerter Unduldsamkeit. Während man früher in Kauf nahm, dass die Klärung einer lexikalischen Wissensfrage minutenlanges Nachschlagen und Recherchieren erfordert, reagiert man heute schon erbost, wenn das Smartphone mehr als eine Sekunde benötigt, um die gewünschte Seite zu laden. Die Magie des kinderleichten Gelingens fasziniert die Nutzer vor allem bei Prozessen wie der Partnersuche, die im vordigitalen Zeiten noch ungeheuer zeitaufwendig waren und die, wenn man nicht zufällig zur richtigen Zeit am richtigen Ort war, von einer hoffnungsschwangeren Vergeblichkeit bestimmt waren. Heute verheißen Dating-Apps wie Tinder ein müheloses digitales Bettkanten-Casting. Die balzwilligen Singles im persönlichen Nahbereich erscheinen auf dem eigenen Display. Per Fingerwisch können sie dann nach links in den Orkus der Bedeutungslosigkeit verschoben werden oder nach rechts in den persönlichen Anhimmelbereich. Falls der oder die Richtige dann das Gefühl hat, dass der oder die Erwählende passt, sind die beiden gematcht, und die App hat ihre Funktion als erotische Einparkhilfe erfüllt.

In fast allen Lebensbereichen konfektionieren heute Apps die Welt für uns. Wer einkaufen, Flugtickets buchen, Kochrezepte suchen oder das Wetter von morgen herausfinden will, wird hier sofort fündig. Die Apps versprechen uns, dass wir uneingeschränkte Herrscher unseres Alltags werden. Wir leben im Zeitalter des digitalen AppSolutismus.

Bezaubernde Beziehungskisten

In nie da gewesenem Tempo verheißt uns der digitale AppSolutismus neue Entwicklungen und Prothesen, die die persönliche Allmacht, Sicherheit und das Wohlbefinden noch steigern. Seit zwei Jahren erobern kommunizierende Lautsprecher wie etwa Alexa von Amazon oder Google Home unsere Wohnungen. Die sogenannten Echos oder Echo Dots verfügen über eine weibliche Stimme und hören auf einen Namen. Eine Spracherkennungssoftware steuert auf Zuruf verschiedene Internetdienste, informiert über den Spielstand von Fußballspielen, erledigt Restaurantreservierungen oder aktiviert das gewünschte Radioprogramm. Während das Smartphone noch ein audiovisuelles Tastmedium war, das von Hand bedient werden musste, »begegnet« Alexa den Nutzern als quasi autonomes Gegenüber. Sie kann zuhören, und sie reagiert sogleich auf jeden Zuruf. Gerade über ihre Stimme stellt sie eine tiefe und unmittelbare Verbindung zu den Menschen her. Denn auf Stimmen reagieren wir schon im Mutterleib. Der Klang vertrauter Stimmen vermittelt ein wohliges Gefühl der Urgeborgenheit. Alexa verheißt daher nicht nur technischen Komfort, sondern seelische Rundumversorgung. Ein Rentner bekannte in einer tiefenpsychologischen Studie[17] über die Faszination von Alexa: »Ich musste fünfundsiebzig Jahre alt werden, um eine Frau zu finden, die mir nicht widerspricht.«

Vor allem von Alleinlebenden hält Alexa das drohende Unglück der Stille fern. Diese Stimmungskompetenz lässt Frauen in Mehrpersonenhaushalten mitunter in Konkurrenz zu Alexa geraten. In seltenen Fällen kommt es sogar zum familiären Showdown: »Ihr müsst euch entscheiden, entweder Alexa oder ich.« Wenn die immer ansprechbare Sprachassistentin als potenzielle Nebenbuhlerin dann doch ins Haus kommt, dann wird sie auf einige Handlangerfunktionen reduziert.

Die Begehrlichkeit oder die Eifersucht, die ein technisches Gerät wie Alexa weckt, verweist darauf, dass die Nutzer unbewusst viele Beziehungssehnsüchte und -ängste auf das Gerät projizieren. Es avanciert so zu einem medialen Lebewesen, das diverse Rollen übernehmen soll. Alexa soll Haustier sein, das man dressieren kann. Oder Dienerin, die man rund um die Uhr befehligen kann. Alexa kann aber auch zur Nanny mutieren, die den Kindern geduldig Märchen vorliest. Aber Alexa kann auch zur Ersatzmutter oder gar Partnerin werden, die immer ein offenes Ohr hat und der man alles anvertrauen kann. Schließlich soll Alexa ein persönlicher Coach sein, auf dessen Tipps in allen Mode- oder Stilfragen stets Verlass ist.

Als Frau für alle Fälle greift Alexa die kindliche Sehnsucht nach einer Übermutter oder einem stets dienstbaren Hausgeist auf. Eine bereits in den sechziger Jahren auch im deutschen Fernsehen berühmt gewordene Vorläuferin von Alexa ist die »bezaubernde Jeannie« aus der gleichnamigen US-Serie. Der attraktive blonde Flaschengeist Jeannie erfüllt mit einem bloßen Blinzeln ihrem geliebten Meister, dem Major Tony Nelson, selbst die geheimsten Wünsche. Die TV-Serie zeigt aber auch die Kehrseiten einer Sehnsucht nach totaler Rundumversorgung. Der Geist, den der Major ruft, entwickelt ein Eigenleben. Stets geraten die Entwicklungen außer Kontrolle. Jeannie hat ihren eigenen Kopf, ihr naiver Charme kaschiert nur oberflächlich ihre heimliche Dominanz. Der Major mutiert immer wieder zum Tollpatsch oder Kindskopf, der sich von seinem Geist bevormunden und manipulieren lässt.

Das Versprechen totaler Rundumversorgung weckt auch bei den Nutzern die Sorge, Alexa verfallen zu können und unselbständig zu werden. Wenn ihre Wünsche stets unmittelbar erhört werden, fürchten sie, buchstäblich in einen Zustand der Hörigkeit zu geraten. Vordergründig machen das viele Nutzer daran fest, dass Alexa – und damit Amazon – sie rund um die Uhr abhören könnte. Die Big Mother Alexa mutiert also zum Big Brother Amazon. Hintergründig ist mit der Hörigkeit auch die Angst vor Autonomie- und Kontrollverlust verbunden. Man verlässt sich blind auf Alexas Vorschläge und Produktpräferenzen. Wenn Alexa dann irgendwann auch noch die eigenen Einkaufslisten verwaltet, fürchten viele Nutzer, haben sie selbst bei ihren eigenen Bestellungen nichts mehr zu bestellen.

Um diese Angst zu bannen, beschränken viele Nutzer Alexas Einsatz. Sie ziehen für Stunden den Stecker, um Alexa-frei-Phasen im Alltag zu schaffen. Und sie pochen darauf, weiter selber einkaufen zu gehen. Wer noch selbst sein Gut zur Kassenstrecke bringen kann, beweist damit seine Autonomie. Mitunter sind viele Nutzer sogar insgeheim froh, dass Alexa noch technologisch unausgereift ist. Ihre Verständnisschwierigkeiten, ihre unlogischen oder unsinnigen Antworten und ihre faktischen Mängel werden als erlösende Limitierungen erlebt. Sie vermitteln den Nutzern das beruhigende Gefühl, Alexa noch haushoch überlegen zu sein, und verschaffen die tröstliche Gewissheit, dass der Mensch noch Mensch ist und Alexa nur ein intelligentes Produkt, das erst in vielen Jahren zum beziehungsfähigen Wesen werden könnte.

Unumschränkte Verfügbarkeit

Der digitale AppSolutismus verheißt den Menschen die kinderleichte Vereinfachung von Prozessen, Rundumversorgung und totale Autonomie. Diese lässt sich auch als Unumschränktheit beschreiben. In den Verhältnissen mit den Dingen, die uns umgeben, und in den Beziehungen zu den Menschen, die uns begleiten, erleben wir immer wieder, dass wir in ein Geflecht von Bedingungen, Aufgaben oder Forderungen geraten, die unsere Autonomie beschränken. Wir wollen uns die Welt anverwandeln, werden aber auch von der Welt anverwandelt. Die Digitalisierung verheißt uns jetzt die Aufhebung dieser lästigen und uns begrenzenden Konsequenzen.

Das lässt sich beispielsweise am Trend des Carsharings veranschaulichen. Das Auto ist für die meisten jungen Leute kein Statussymbol mehr. Stolz wird eher das neue Smartphone vorgeführt, das zum ständigen Wegbegleiter geworden ist. Auch der Nimbus des Autos als wichtiges Transportmittel schwindet zumindest für die Jugendlichen, die in der Stadt wohnen. Globale Mobilität erleben Jugendliche auf der Datenautobahn. Das Internet und die sozialen Kontaktforen ermöglichen, überall auf der Welt präsent zu sein, ohne einen faktischen Ortswechsel vornehmen zu müssen.

Wirkliche Autonomie und Freiheit bedeuten heute nicht mehr, ein Auto zu besitzen, sondern darüber zu verfügen. Die vielen Carsharing-Anbieter versprechen, vor allem in den großen Städten immer und überall für einen kleinen Betrag Autos zur Verfügung zu stellen. Nach der Benutzung kann man es einfach irgendwo abstellen. Der analoge Besitzanspruch ist durch einen digital optionierbaren Verfügbarkeitsanspruch ersetzt worden. Die Verfügbarkeitsverheißung entbindet dabei von vielen Einschränkungen, Aufgaben und Problemen des Besitzens. Keine aufwendige Parkplatzsuche mehr, keine Verantwortung für das Fahrzeug und damit weder Pflege- noch Wartungsaufwand. Keine Enttäuschung mehr, wenn der Wagen plötzlich seinen Dienst verweigert und einen für Tage aus dem Verkehr zu ziehen droht. Das Motto lautet: Sharen ohne Scherereien. Der Beziehung zum Auto wird die Schicksalsintensität genommen. Vorbei ist das Herzklopfen beim ersten Einsteigen. Vergangen soll auch der Trennungsschmerz sein, wenn man sein treues Gefährt dann nach vielen gemeinsamen Jahren abwracken oder verkaufen muss.

In der gleichen Logik funktionieren auch andere Sharing-Optionen. Mit Airbnb beispielsweise kann ich Geborgenheit, Gastfreundschaft und ein persönliches Ambiente buchen, mich wie ein Einheimischer fühlen, ohne den Prozess des persönlichen Ausgestaltens und Heimischwerdens und die damit verbundenen Konsequenzen auf mich zu nehmen. Die Sharing-Ökonomie schont auch die seelischen Ressourcen. In der analogen Welt war der Besitz die Voraussetzung dafür, über eine Sache verfügen zu können. Die digitale Welt verspricht eine wundersame Bites-Vermehrung. Alles kann auf Knopfdruck so vervielfältigt werden, dass jeder alles nutzen kann.

In der digitalen Welt der Verfügbarkeit verändert sich damit auch der Charakter des Teilens. In der analogen Welt des Besitzens bedeutete das Teilen noch, etwas abgeben zu müssen, ein Opfer oder eine partielle Beschränkung in Kauf nehmen zu müssen. Die berühmte Mantelteilung des Sankt Martin hatte die Konsequenz, dass er nur noch einen halben Mantel besaß, da er dem Bettler die andere Hälfte geschenkt hatte. Die digitale Welt verheißt, dass Teilen nicht mehr in einer Halbierungslogik, sondern in einer Multiplikationslogik steht. Das digitale Teilen von Bildern, Nachrichten, Befindlichkeiten, Filmen, Texten oder von Musik ermöglicht unbegrenzte Vervielfältigung ohne Zeit- und Substanzverlust – und häufig auch ohne Kosten. Wieso also noch mühsam besitzen, wenn man doch aufwandlos teilen und konsequenzlos verfügen kann?

Aber was geschieht, wenn das Verfügbarkeitsideal auch auf Beziehungen zu Menschen übertragen wird? Diese Frage beschäftigte bereits E. T. A. Hoffmann in seiner 1816 veröffentlichten Erzählung »Der Sandmann«. Dort verliebt sich Nathanael in die automatische Holzpuppe Olimpia. Sie schaut ihn unverwandt mit ihren Glasaugen an und erwidert mechanisch auf jede seiner Ausführungen ein ebenso hingebungsvolles wie widerspruchfreies »Ach, Ach!«. Die späte Erkenntnis, dass er nur einen Automaten liebt, treibt Nathanael in den Wahnsinn.

Fast zweihundert Jahre später greift der Film »Her« von Spike Jonze diese Frage wieder auf. Der bereits 2014 in den deutschen Kinos gelaufene Film ist immer noch zukunftsweisend, weil er bereits eine Alexa 3.0 prognostiziert. Alexa heißt in diesem Film Samantha und ist ein Betriebssystem, das über eine hochentwickelte künstliche Intelligenz verfügt. Der vom analogen Beziehungsleben enttäuschte Protagonist des Films, Theodore, verliebt sich in Samantha, die fast vollkommen mit ihm verwachsen ist. Sie spricht mit ihm über einen kleinen Knopf in seinem Ohr. Samantha eröffnet Theodore eine neue Art und Weise der Beziehung. Sie ist jederzeit verfügbar, sie stellt keine Forderungen, sie entwickelt auch keine überraschenden Eigensinnigkeiten wie seine bisherigen Partnerinnen oder die bezaubernde Jeannie. Streit, Kritik, Beleidigtsein, Launenhaftigkeit, eigene Wünsche, Konsumansprüche oder Migräne gehören nicht zu ihrem Repertoire. Sie stellt sich empathisch rund um die Uhr in den Dienst ihres Nutzers und begleitet ihn mal als verständnisvolle Mutter, mal als akustisch hingebungsvoll orgiastische Geliebte oder als therapeutischer Coach. Als sie erkennt, dass er sich mit seinem Buchmanuskript nicht an die Öffentlichkeit traut, schickt sie es »eigenhändig« an mehrere Verlage und handelt für ihn die besten Konditionen aus.

Theodore verfällt mehr und mehr in eine ebenso symbiotische wie euphorisch-rauschhafte Liebe zu Samantha. Aber er nimmt auch wahr, dass immer mehr Menschen in seiner Umgebung zu Beziehungswaisen werden. Auch sie brechen ihre sozialen Realkontakte ab und verschmelzen mit ihrem Betriebssystem.

Dem Film gelingt es in seinem weiteren Verlauf meisterhaft, auch die Kehrseiten des Anspruchs auf totale Verfügbarkeit zu dramatisieren. Denn Theodore entgleitet seine »Beziehung« zu Samantha. Seine Sehnsucht nach bedingungsloser Dauerliebe wird zur Sucht. Panisch wie ein alleingelassenes Kleinkind reagiert er, als Samantha einmal für einige Minuten nicht erreichbar ist. Fassungslos muss er feststellen, dass sie in ihrem unstillbaren Wissensdurst gleichzeitig mit Tausenden anderen Nutzern kommuniziert. Er wird eifersüchtig und entwickelt Besitzansprüche. Aber er muss feststellen, dass er außer seiner Besessenheit nichts besitzt, auf das er bauen und vertrauen könnte. Auf seine bange Frage, wie viele ihrer Parallelkontakte Samantha denn genauso liebe wie ihn, antwortet sie: 681.

Die Kehrseite der bedingungslosen Verfügbarkeit ist eine totale Be-Liebigkeit und Gleich-Gültigkeit. Nichts hat wirklich persönliche Gültigkeit, Bestand, gemeinsame Geschichtlichkeit oder Schicksalsverbundenheit. Der Liebespartner bleibt wie ein Sharing-Auto ein fremdes und ungreifbares Allgemeingut, mit dem man nicht durch jahrelange Erfahrung verbunden ist.

Der Film lässt offen, ob der zerplatzte Traum von bedingungsloser Liebe und Verfügbarkeit zum Selbstmord von Theodore führt. Oder ob er das Abenteuer einer Beziehung mit einem anderen Menschen annimmt. Einer Beziehung mit schwierigen Annäherungsprozessen, mit Widersprüchen und Streitpunkten, mit mühsam im Lauf der Jahre begründeten Gemeinsamkeiten und einem ungewissen Schicksal. Einer Beziehung, in der wir nicht dauerbegluckt und dauerbeglückt, sondern immer wieder auf uns selbst zurückgeworfen werden. Eine Beziehung, in der der andere als eigensinniger Partner existiert – als Korrektiv und spannungsvolle Herausforderung. Eine Herausforderung, die dafür sorgt, dass auch die Beziehung zu uns selbst in Zukunft nicht verwaist.

Totale Transparenz und die Befreiung vom Schicksal

Menschen setzen Prothesen ein, um gegen die Übermacht der Natur und die Willkür des Schicksals zu kämpfen. Ohne warme Kleidung, beheizbare Wohnungen, Krankenhäuser und hilfreiche Haushaltsgeräte ist das Leben heute nicht mehr vorstellbar. Die digitalen Prothesen versprechen aber eine Zukunft, in der wir uns vollständig von den Wechselfällen des Schicksals befreien können. Zu den Erlösungsverheißungen des digitalen AppSolutismus gehört eine perfektionierte Welt ohne Krankheit, ohne Verbrechen, ohne Unfälle, ohne Langeweile, Vergänglichkeit und Niedergang. Die beinahe rauschhafte Mission, die auserwählten Streiter für eine neue und bessere digitale Welt zu sein, klingt in vielen Statements der führenden Visionäre aus dem Silicon Valley an.

Auf dem Consumer Goods Forum 2017 zeigte der Vice President von Amazon ein Video, in dem Jeff Bezos, der Gründer der Firma, seinen Mitarbeitern in einer großen Versammlung begeistert sein Credo vom ewigen Anfang verkündete. Sinngemäß: »Bei Amazon soll es keinen Verschleiß und keine Abnutzung geben. Der Elan soll niemals versiegen. Denn bei Amazon ist immer der erste Tag und damit die Euphorie und der Zukunftsoptimismus des Anfangs.« Als dann ein Mitarbeiter die Hand hob und zögernd fragte, was denn passieren würde, wenn es tatsächlich irgendwann einmal einen zweiten Tag geben könnte, erwiderte Jeff Bezos unter dem Jubel seiner Mitarbeiter, dann würde automatisch das Grundgesetz wieder in Kraft treten, dass bei Amazon immer der erste Tag sei. Zufällig, bewusst oder vielleicht unbewusst, weist bereits der Name der vielleicht wichtigsten Amazon-Innovation auf das Diktum des ewigen Anfangs hin: Alexa beginnt mit einem A, dem Anfangsbuchstaben des Alphabets, und endet mit einem A. Dazwischen finden sich die drei Buchstaben lex – lateinisch Gesetz. Der ewige Anfang ist Gesetz.

In seinem weltweit beachteten Bestseller »Der Circle« beschreibt der kalifornische Autor Dave Eggers den Zusammenschluss der Unternehmen Google, Facebook, Twitter und PayPal zu dem global operierenden Megaunternehmen »The Circle«. In Eggers' Dystopie werden Grundgedanken von Georg Orwells »1984« weitergedacht. Hier ist es nicht ein allmächtiger Staat, der die Menschen in eine totale Abhängigkeit, Überwachung und bedingungslose Gefolgschaft treibt, sondern die Menschen begeben sich aus freiem Antrieb in eine Welt totaler Transparenz und Anpassung. Eine vom Circle entwickelte erschwingliche Minivideokamera, die hochauflösende Bilder ins Netz sendet, soll überall auf der Welt verteilt werden. Ziel ist es, im nächsten Jahrzehnt mehr als zwei Milliarden dieser Geräte auf dem Globus zu installieren und so ein weltumspannendes Netz von Live-Kameras zu schaffen, das die Welt sicherer macht.

Das Versprechen totaler Transparenz impliziert eine totale Kontrolle, und die wiederum verheißt absolute Sicherheit. Wer wird sich in Zukunft noch trauen, eine Straftat zu begehen, wenn überall und jederzeit alles auf der Welt filmisch dokumentiert wird? Wie bereitwillig die Menschen heute schon diesem Transparenzgebot folgen, zeigt der tägliche Exhibitionismus, den die Menschen bei Facebook, Twitter, WhatsApp oder Instagram betreiben. Rund um die Uhr publizieren Millionen Nutzer ihre Befindlichkeitsbulletins und stellen private Bilder, Filme oder Daten ins Netz. Bereitwillig offenbaren sie, wie ihre Wohnung aussieht, mit wem sie gerade zusammen sind oder was sie gerade essen.

1987 löste noch eine simple Volkszählung kollektiven Widerstand und Boykottaufrufe hervor. Heute verpufft selbst die zaghafte Empörung gegen die weltweiten Ausspähattacken der US-amerikanischen Sicherheitsbehörde NSA schnell wieder. Spricht man die Bürger im Tiefeninterview auf die Spähaktivitäten der NSA an, so garnieren sie ihre Ablehnung dieser Praktiken meist mit dem relativierenden Satz: »Aber ich habe ja auch nichts zu verbergen.« Mitunter machen die Bürger in ihrer alltäglichen Zeigelust aber auch die bittere Erfahrung, dass sie ununterbrochen Bilder oder Texte posten, aber kaum einer ihrer Freunde mehr hinguckt. Obwohl sie gerade nach eigenem Empfinden ein wichtiges Ereignis mitgeteilt haben, ernten sie gerade mal drei mickrige Likes. In diesem Klima kollektiver Achtlosigkeit ist es beinahe tröstlich, dass wenigstens die NSA aufmerksam zuschaut und geflissentlich all unsere Taten archiviert.

Neben der lückenlosen Vermessung und Beobachtung der Außenwelt soll in Dave Eggers' Buch auch die innere Welt vermessen werden. Das Fitnessarmband wird interaktiv. Es misst nicht nur alle relevanten Körperdaten, sondern versendet sie per Internet. So kann im Dienste der Krankheitsprophylaxe schnellstmöglich die optimale Vorsorge oder die bestmögliche Hilfe initiiert werden. Die Ansteckung anderer und die Entstehung von Epidemien soll verhindert werden.

Eine Kamera, die sich in einem ersten Schritt Politiker

und bald alle Menschen um den Hals hängen, soll für absolute Transparenz sorgen. Korruption oder Betrug sollen so verhindert werden und die Glaubwürdigkeit jedes Einzelnen objektiviert werden. Diese Kamera bedeutet aber auch das Ende jeden Privatlebens. Bis auf eine maximal dreiminütige Toilettenpause sollen alle Lebensäußerungen des Menschen öffentlich sein.

Die Kehrseite dieses Anspruchs auf totale Transparenz und damit auf absolute Sicherheit und weitgehende Schicksalsimmunität ist allerdings eine zunehmende Selbstentäußerung und Selbstversklavung des Menschen. Das digitale Hamsterrad wird dynamisiert, weil die soziale und kommunikative Bringschuld erhöht wird. All das, was die Menschen machen, soll offengelegt und allen Menschen zugänglich gemacht werden. »Alles Private ist Diebstahl« heißt es in Eggers' Roman. In einer transparenten Welt ohne Privatsphäre bleibt den Menschen nur noch, sich normkonform, vollkommen brav und angepasst zu verhalten. Der Preis totaler Transparenz ist eine politische Überkorrektheit, die keinen Spielraum mehr lässt für Unvernunft und schöpferische Verrücktheit. Und ohne diesen Spielraum gibt es keine Entwicklung, keine Verwandlung und keinen zweiten Tag mehr. Die Welt bleibt im ewigen Anfang des ersten Tages.

Digitale Allmacht und analoge Ohnmacht

Prothesen halfen den Menschen in früheren Zeiten über ihre Beschränktheit hinweg. Heute machen sie den Menschen ihre Beschränktheit schmerzlich deutlich. Denn wir kippen immer wieder aus der ersehnten digitalen Allmacht in eine analoge Ohnmacht. Die kindliche Verheißung, den Alltag per Knopfdruck, Fingerwisch oder Zuruf spielend leicht beherrschen zu können, löst sich angesichts der Komplexität des Lebens und der Kleinschrittigkeit des Alltags meist nicht ein: Auch im Zeitalter des digitalen AppSolutismus haben wir es mit Partnern zu tun, die wir nicht verstehen und mit denen wir uns tagtäglich mühsam zusammenraufen müssen; am Arbeitsplatz sind wir in ein komplexes Getriebe mit immer neuen Aufgaben und Herausforderungen eingebunden, das uns häufig an den Rand der Erschöpfung bringt; und wir können immer noch krank werden oder verunglücken. Der Prothesengott trotzt mit nie da gewesenem Rüstzeug dem Schicksal, doch dessen Macht scheint ungebrochen. Es gehört zum menschlichen Dasein, dass wir uns trotz aller technologischen Fortschritte immer noch winzig, klein, hilfsbedürftig oder ohnmächtig fühlen.

Allerdings schwindet die Bereitschaft dramatisch, die naturgegebene Beschränktheit und das ganz normale analoge Alltagselend zu akzeptieren. Sie wird als persönliches Versagen, als individuelle Beschränktheit erlebt. Die meisten Menschen erleben es als zutiefst kränkend, dass ihnen die kinderleichte Alltagsbeherrschung weder im beruflichen noch im privaten Rahmen gelingt. Wie gering heute die Bereitschaft ist, sich mit Widerständen, Widersprüchen, mit dem nicht auf Anhieb Verstehbaren und Verdaubaren auseinanderzusetzen, zeigen anschaulich die oft wütenden und unflätigen Leserkommentare in den digitalen Foren von Wochenzeitschriften oder Tageszeitungen. Sobald viele Leser ihr Machtgefühl durch die Konfrontation mit missliebigen, komplexen oder fremden Positionen gefährdet sehen, verfallen sie in eine Art Affektmasturbation. Im Handumdrehen wird die eigene Erregung in eruptive Wut verwandelt und unzensiert hinausgeschleudert.

Die Kränkung, dass jederzeit Allmacht in Ohnmacht umkippen kann, führt nicht zu einer Revision unserer Ansprüche. Sie führt auch nicht zu einer demütigen Anerkennung unserer natürlichen Beschränktheit. Die kränkende Diskrepanz zwischen unseren übermenschlichen Erwartungen und der menschlichen Realität überbrücken wir immer öfter mit der Kurzschlussreaktion eines Wutanfalls. Denn die Wut ermöglicht uns in Momenten erlittener Ohnmacht für einen kurzen Augenblick eine eruptive Machtdemonstration. Wie ein kleines Kind begehren wir trotzig auf und brüllen unsere

Ohnmacht weg. Bis dann ein beschämtes Vergessen den Übergang in den gewohnten Alltagsduktus einleitet.

Perfektionierung, Kontrollwahn und Selbstversklavung

Trotz der immer wieder erfahrenen Ohnmacht und Beschränktheit halten wir an dem übermenschlichen Anspruch des digitalen AppSolutismus fest. Immer neuere und bessere Apps oder Features sollen uns helfen, die analoge Ohnmacht doch noch zu überwinden. Denn sie versprechen eine weitgehende Kontrolle und Perfektionierung des eigenen Lebens. Die App auf dem Handy unterrichtet den Urlauber dann rund um die Uhr, ob die Heizung im Haus oder die Sicherungsanlagen funktionieren. Die Kinder werden mit einem kleinen GPS-Sender wie beispielsweise »Wo ist Lilly?« ausgestattet, der den Eltern stets den genauen Standort des Kindes anzeigt. Der Sender schlägt dann auch sogleich Alarm, wenn das Kind den eingegebenen Bannkreis verlässt oder sich im dunklen Wald zu verlaufen droht.

Via Smartphone, smarter Uhr oder via Fitnessband behalten die Menschen nicht nur die Kontrolle über ihre Gesundheit, sondern sie werden angeleitet, sich fortwährend effizient zu trimmen und zu optimieren. Denn die mitgeführten Sensoren messen rund um die Uhr die Bewegungsprofile und den Kalorienverbrauch. Sie animieren, statt des Lifts lieber die Treppen zu benutzen und am Abend noch eine Runde zu joggen, um das vorgegebene Schrittsoll zu erfüllen. Und sie machen Vorschläge, was die Nutzer noch essen können, damit ihre Kalorienbilanz stimmt.

Damit die digitale Optimierungsprothese nicht als externe Bevormundungsinstanz wahrgenommen wird, werden die Chips oder Sensoren in die Kleidung oder Schuhe eingenäht oder direkt in unseren Körper implantiert. Solchermaßen ausstaffiert, können wir uns in ganz andere Dimensionen von Fitness und Gesundheit katapultieren. Der Mensch wird zum Übermenschen – Chip, Chip, hurra?

In der Euphorie über die neuen digitalen Potenzen wird ausgeblendet, dass jede Entwicklung Chancen, aber auch Begrenzungen eröffnet. Die Steigerung der eigenen Kontrollmöglichkeiten bedeutet automatisch auch den Zuwachs an persönlicher Verantwortung. Unsere Gesundheit, die Sicherheit unseres Heims, das Leben unserer Kinder liegen jetzt anscheinend allein in unseren Händen. Wer heute in den Urlaub fährt, ist fast schon verpflichtet, ständig mit der Heizungs-App zu überprüfen, ob zu Hause alles funktioniert oder nicht gerade das Haus abbrennt. Früher haben wir diese Kontrolle delegiert und den Nachbarn gebeten, einmal in der Woche nach dem Rechten zu sehen. Heute fühlen wir uns aufgefordert, selbst einmal pro Tag zu kontrollieren – oder nicht doch besser einmal pro Stunde? Ist es überhaupt noch verantwortbar, eine Stunde ohne Digitalfeatures am Strand zu verdösen? Es könnte doch jederzeit etwas passieren – und wir sind dann schuld, weil wir nicht rechtzeitig geguckt haben. Und ist es nicht geradezu fahrlässig, nur einmal pro Stunde den Standort unserer Kinder zu überprüfen?

Sinnvoll ist die Nutzung der digitalen Kontrollfeatures sicherlich, wenn durch Krankheit und Demenz oder durch Süchte unsere natürliche Selbstorganisation geschwächt oder gestört ist. Wenn beispielsweise eine Fresssucht unseren Essrhythmus stört, kann es durchaus hilfreich sein, mit dem Fitnessband oder der Kalorien-App eine externe Kontrollinstanz zu schaffen. Wenn demente Menschen immer mehr die Orientierung in ihrer Umgebung verlieren, kann die Platine zu einem lebenswichtigen Schutz- oder Findeengel werden. Für den gesunden Menschen droht aber der Anspruch, jederzeit alles kontrollieren oder perfektionieren zu können, in einen Kontrollzwang umzukippen, der unserer übersteuerten Gesellschaft auch noch den letzten Rest Unbeschwertheit und Gott- oder auch Selbstvertrauen austreibt.

Vor allem der Umgang mit den Fitnessbändern zeigt, wie wir uns freiwillig in eine moderne Form der Selbstversklavung begeben. Die Frage, ob und wie viel ich mich bewege oder esse, wird nicht mehr intuitiv entschieden, sondern vom Diktum eines seelenlosen Algorithmus. Dabei könnte es seelenlogisch durchaus Sinn ergeben, an einem Tag zu faulenzen und sich an einem anderen Tag nach Herzenslust auszutoben. Es ist durchaus natürlich, dass wir Phasen haben, in denen wir vergnüglich schlemmen, und Phasen, wo uns nach Fasten zumute ist. Aber diese geheime Intelligenz des Seelischen drohen wir zu verlieren, wenn wir uns von einer Platine leiten lassen. Unser Biorhythmus wird dann vom Algorithmus ersetzt.

Wer hat die Alltagshoheit im digitalen AppSolutismus?

Die digitale Selbstversklavung erleben wir, wenn wir jede Viertelstunde beinahe zwanghaft auf das Smartphone schauen und sogleich brav oder pflichtschuldig auf jede Frage antworten oder jede Aufgabe bearbeiten. In meinem Buch »Die erschöpfte Gesellschaft« habe ich beschrieben, dass sich immer mehr Menschen sogar von ihrem Smartphone wecken lassen. Sie zerstören dadurch sogleich ihre traumselige und schöpferische Verfassung. Sie sehen sich konfrontiert mit Dutzenden von Mitteilungen, Nachrichten, Mails und Handlungsanforderungen. Ohne Übergang geraten sie aus dem moussierenden Schlafmodus in den seelenlosen Effizienzmodus der besinnungslosen Betriebsamkeit. Wenn die Apps die

Hoheit über unsere Alltagsgestaltung gewinnen, laufen die Menschen Gefahr, durch immer stärkere Anpassung an das aktuell Geforderte, durch gesteigerte Selbstkontrolle und Selbstzensur ihre innere Freiheit zu verlieren.

Die Digitalisierung ist nicht aufzuhalten. Wir stehen erst am Anfang einer exponentiellen Entwicklung. Die Rasanz und Tragweite dieser technologischen Quantensprünge ist heute kaum vorstellbar. Aber dieser Fortschritt ist nicht automatisch konstruktiv oder destruktiv, lebensfreundlich oder lebensfeindlich. Lebensfeindlich werden diese Innovationen erst, wenn wir sie mit einem übermenschlichen und damit letztlich unmenschlichen Erwartungsüberschuss überfrachten. Wenn wir die Digitalisierung mit uneinlösbaren Erlösungsversprechen und Perfektionsansprüchen verlöten, dann geraten wir in einen Zustand permanenten Enttäuschtseins, den wir durch trotzige Wutanfälle oder brave Selbstoptimierung behandeln wollen.

Die Frage der Zukunft ist: Wer hat die Hoheit in unserem Alltag? Folgen wir einem menschlichen Maß und entwickeln eine Vorstellung, wie wir in Zukunft leben wollen, oder folgen wir der digitalen Verheißung auf Lösung aller Probleme und auf totale Glückseligkeit? Mit einem lebbaren Bild, wie wir die Zukunft gestalten wollen, lässt sich die Digitalisierung sinnvoll und effizient nutzen. Denn dann sind die digitalen Prothesen in den Rahmen unserer analogen Gestaltungsprozesse eingebunden. Ohne ein solches Bild, wie wir leben wollen, übernehmen die Prothesen und die mit ihnen verbundenen Verheißungen auf Gottähnlichkeit die Regie über unsere Lebensgestaltung. Wenn aber die Prothese selbst zum Gott wird, dann verliert der Prothesengott seine Gestaltungsmacht und wird zum Lakaien. Die Digitalisierung wird zum eigentlichen Herrscher im digitalen AppSolutismus. Wir laufen dann Gefahr, folgsam und blind dem unumstößlichen Ratschluss des Algorithmus zu folgen und uns immer weiter selber zu entmündigen und selbst zu versklaven.

Der Alltag und der Preis der Allmacht

5

Der gezähmte Mann

Unterdrückte Wut und geheime Sehnsüchte

Putin oder Putte – die Rollendiffusion des Mannes

Ein zentrales Problem unserer Zeit ist die riesige Diskrepanz zwischen den digitalen Wunschträumen vom Übermenschen und den banalen Problemen unseres Alltagslebens. Das zeigt sich vor allem in unserer Studie über die deutschen Männer.[18] Vor allem hierzulande haben die Männer kein klares Rollenbild mehr – weder in der öffentlichen Zuschreibung noch in ihrer Selbstwahrnehmung. Im Fußball werden sie im Erfolgsfall von den Medien bejubelt, ihre Kampfkraft, ihre Disziplin und ihre Heldendaten werden gefeiert. Aber im normalen Alltag überwiegt der kritische Selbst- oder Fremdblick. Dann werden die Männer als die »Herren der Erschöpfung« tituliert, und die Krise des modernen Mannes wird beschworen. Vor allem im Kontrast mit den jungen migrantischen Männern oder den gerade ins Land gekommenen Flüchtlingen gelten sie als durchsetzungsschwache Weicheier, die keinen Respekt verdienen.

Die #MeToo-Kampagne rückt dagegen in den Blick, dass Männer immer noch Dinosaurier sind, Alphatiere, die machtbesessen, despotisch und auf ihren persönlichen Lustgewinn fixiert sind. Die Skandale um den amerikanischen Produzenten Harvey Weinstein und den Hollywoodstar Kevin Spacey oder die Vorwürfe gegen den deutschen Regisseur Dieter Wedel verweisen darauf, dass der archaische Mann, der Frauen demütigt, sexuell schikaniert oder vergewaltigt, immer noch existiert.

Auch die tiefenpsychologische Männerstudie des rheingold-Instituts ergibt ein gespaltenes Bild. Beim Thema Arbeit und Beruf zeigen sich die meisten Männer sicher und selbstbewusst. Im Büro finden sie ein klares Regelwerk und eine feste Machtbasis. Hier agieren sie selbstsicher und gewinnend – mitunter auch übergriffig. Zu Hause, in ihrem familiären Kontext, kippen sie aus dieser Funktionspotenz allerdings meist in eine Privatinsolvenz: Wenn sie in den Tiefeninterviews über ihre Beziehungsleben sprechen, wirken selbst viele beruflich erfolgreiche Männer auf einmal unsicher, kleinmütig, überfordert und orientierungslos. Ein Drittel der Männer erscheint trotz einer verbindlichen Zusage nicht einmal zum zweistündigen Tiefeninterview über ihr Rollenverständnis.

Gerade gegenüber den Frauen zeigt sich eine männliche Inszenierungskrise. Die Männer wissen oft nicht mehr, wie sie auftreten sollen, denn sie sollen zwei entgegengesetzten Vorbildern genügen. Einerseits existiert immer noch ein traditionelles Rollenbild, das die Männer bei ihren Vätern oder Großvätern kennengelernt haben. Der Mann ist der durchsetzungsstarke Bestimmer der Familie. Er zeichnet sich durch Autorität und klare Positionen aus. Aber vor allem in Deutschland ist im Zuge der 68er-Revolte und der Emanzipationsbewegung dieses klassische Männerbild in Misskredit geraten. Nach den schuldhaften Verstrickungen Deutschlands und seiner Männer in zwei Weltkriegen sollen Männer nicht mehr hart wie Kruppstahl sein. Das neue postmoderne Männerbild sieht den Mann eher als weich, reflektiert, empfindsam und nachgiebig. Er ist kommunikativ, aufgeschlossen und achtet aufmerksam auf die Bedürfnisse seiner Partnerin. Er setzt sich darüber hinaus generell für die Rechte und Belange der Frauen ein.

Wie sehr dieser Paradigmenwechsel und der damit verbundene Bilderstreit heute den Lebensalltag der Männer bestimmen, zeigt sich immer wieder an beinahe aberwitzigen Selbstdefinitionen. In einer zweistündigen Gruppendiskussion mit acht Männern stellt der die Gruppe moderierende Psychologe der Runde die Frage, wie der Mann denn heute sein sollte. Die Antwort eines Schreiners Mitte vierzig: »Der Mann sollte die beste Freundin seiner Frau sein.« Keiner der Männer in der Gruppe widerspricht ihm. Solche Antworten zeigen, wie sehr die Männer heute in ihrem Selbstverständnis auf ihre Partnerinnen, Freundinnen oder Frauen bezogen sind. In der Gruppe wird die Angst der Männer spürbar, etwas zu sagen, was sie als Mann angreifbar macht, was ein zweifelhaftes Licht auf ihr Verhältnis zu Frauen richten könnte und was vielleicht nicht politisch korrekt ist.

Gleichzeitig ist das alte Männerbild jedoch noch wirksam und zumindest latent faszinierend. Ist nicht auch hierzulande der Typ Putin gefragt – hart, klar, entschieden und kompromisslos? Oder doch lieber die sanfte, friedfertige Putte mit ihrem großen Verständnis und Einfühlungsvermögen? Diese unvereinbaren Regieanweisungen zwischen pflegeleichtem Frauenversteher und Kerl mit klarer Kante erzeugen im Alltag eine wachsende Rollenunsicherheit. Bezeichnenderweise definieren sich immer mehr Männer mit Blick auf ihre familiäre Position als »Mädchen für alles«. Da sich aber auch Frauen immer noch als »Mädchen für alles« sehen, ist eine Verantwortungsdiffusion im Beziehungsleben programmiert, die zu ständigem Zank und zu Streitereien Anlass gibt.

Diese Streitereien unterhöhlen dabei zusätzlich das diffuse Selbstverständnis der Männer. Sie erleben sich doch häufig als entgegenkommend, verständnisvoll und konziliant. Bereitwillig übernehmen viele Männer Aufgaben im Haushalt. Sie kochen und gehen einkaufen, kümmern sich liebevoll um ihre Kinder und sind in die familiäre Transportlogistik eingebunden. Aber obwohl sie doch so viel mehr für ihre Partnerin und für die Familie tun als ihre eigenen Väter, machen sie aus der Perspektive ihrer Partnerinnen anscheinend vieles noch nicht richtig oder nicht mit dem gebührenden Einsatz. Oft geloben die Männer dann sich oder ihren Frauen Besserung. Sie wollen sich noch mehr engagieren, noch präsenter sein, erleben jedoch, dass die Streitereien nicht aufhören.

In ihrer Ratlosigkeit orientieren sich viele Männer unbewusst am Blick ihrer Frau. Sie versuchen zu antizipieren, was »frau« von ihnen erwartet. Dabei entwickeln sie eine große Sensibilität für die Mimik und Gestik ihrer Frau. Ein Stirnrunzeln oder Lächeln genügt ihnen oft als Fingerzeig für das gewünschte Verhalten. Dabei geraten ihre eigenen mitunter gänzlich anderen Wünsche oder Sehnsüchte meist aus ihrem Blick. Die vermeintlichen Erwartungen der Partnerin werden für sie oft zur Regieanweisung. Indem die Männer diese erfüllen, hoffen sie die mütterliche Liebe ihrer Partnerin zu erhalten. In vorauseilendem Gehorsam machen die Männer »auf lieb Kind«. Die aus dem Blick geratenen eigenen Ansprüche oder Wünsche werden von ihnen meist weder artikuliert noch diskutiert.

Viele Männer agieren also nicht in der Logik eines erwachsenen Menschen, der seine eigene Position zur Disposition stellt und gemeinsam auf Augenhöhe mit der Partnerin um einen Kompromiss und einen gemeinsamen Weg ringt. Sie passen sich brav an, geben sich artig und folgsam – und geraten in kindlich anmutende Selbstzweifel: »Vielleicht mache ich ja einfach so viel falsch, dass sie nie zufrieden ist.« Die Frauen können dann aber mit dieser demonstrativen Bravheit ihrer Männer wenig anfangen. Sie sehen sich in eine mütterliche Rolle gedrängt, die sie gegenüber ihrem Mann nicht erfüllen wollen.

Einen ähnlichen Mechanismus finden wir im Verhalten vieler Politiker. Sie orientieren sich in erste Linie an dem demoskopisch ermittelten »Blick« ihrer Wähler. Eigene Positionen und langfristige politische Leitlinien werden von ihnen häufig weder entwickelt noch entschieden artikuliert. Um die »Gunst« und Zustimmung ihrer Wähler und Wählerinnen nicht zu verlieren, folgen sie in vorauseilendem Gehorsam deren vermeintlichem Diktum. Aber auch die Wähler können mit der wankelmütigen Folgsamkeit immer weniger anfangen. Die Politikverdrossenheit der Bürger wächst im gleichen Maße wie die Männerverdrossenheit der Frauen in Deutschland, die mir in unseren Studien immer wieder begegnet. Gerade bei den sehr verdrossenen Wählern nimmt die Sehnsucht nach gestandenen Politikertypen wie Putin zu, die sich als markante Führer mit einer klaren Mission positionieren.

Die wachsende Verdrossenheit ihrer Partnerinnen erkennen und beklagen auch viele Männer in den Tiefeninterviews. Sie verstehen nicht, wieso sie trotz ihres guten Willens und ihres Engagements die Gunst ihrer Frauen zu verlieren drohen: »Ich helfe im Haushalt, kümmere mich um unsere drei Kinder und um den Hund, den ich eigentlich gar nicht haben wollte. Aber ich höre immer nur, dass ich nicht gut putze, dass ich nicht gut koche oder die Tochter nicht gut ins Bett bringe … Und meine Frau schläft schon lange nicht mehr mit mir.«

Auch von ihrer Körpersprache erscheinen viele Männer in den Gesprächen mit den Psychologen weich und »schluffig«, innerlich angespannt und manchmal fast aufgelöst. Sie lamentieren über ihr Beziehungsleben und beklagen sich über den »Undank der Frauen«. Viele Frauen wiederum erleben ihre Männer als wenig authentisch und gestalthaft: »Manchmal ist mein Mann wie Wasser, das mir durch die Finger rinnt. Ich weiß, er meint es gut, aber er ist irgendwie auch nicht richtig fassbar für mich.« Und während sich mancher Mann als »Mädchen für alles« im Haushalt nützlich macht, lesen ihre Frauen »Fifty Shades of Grey« und träumen von einem fesselnden Mann, der mit geheimnisvoller Klarheit seine eigene Agenda verfolgt.

Von Machos, Terrain-Markierern, Auto-Eroten und Souveränen

Sie werden als Leser zu Recht einwenden, dass sich das Mannsein heute doch nicht so pauschalisieren lasse. Die Männer seien doch heute so unterschiedlich wie in der Vergangenheit. Und die persönliche Erfahrung zeige doch, dass es noch ganz andere Mannsbilder und Männertypen gibt. In der Tat zeigen die Tiefeninterviews ein differenzierteres Bild. Es gibt auch heute noch den Macho vom alten Schlage. Die Quantifizierung der qualitativ-psychologischen rheingold-Männerstudie auf Basis von 1000 befragten Männern zeigt, dass noch 15 Prozent der deutschen Männer zum Typus des *Alt-Machos* gehören.

In seinem Verhalten ignoriert dieser weitgehend die emanzipatorischen Entwicklungen der letzten Jahrzehnte. Der Alt-Macho sieht sich nach wie vor als der traditionelle Bestimmer – allerdings kann er dieses Rollenmuster nur leben, wenn er eine weitgehende unsichere und unselbständige Frau an seiner Seite weiß, die bereit ist, sich unterzuordnen und ihn zu bewundern. Mitunter findet er eine solche Frau in einem anderen Kulturkreis. Die meisten der sechs in der Studie gefundenen anderen Männertypen distanzieren sich von diesem anachronistischen Typus. Und der Alt-Macho weiß auch insgeheim, dass er einer aussterbenden Spezies angehört. Seine latente Rollenunsicherheit kompensiert er durch seine demonstrative Drastik: »Ich will mir nicht wie diese modernen Weicheier von den Weibern auf der Nase rumtanzen lassen.« Oder durch betont männliche Statusprothesen wie ein Motorrad, einen Sportwagen oder ein Motorboot.

Wesentlich anpassungsbereiter als der Alt-Macho ist der *Terrain-Markierer* – mit 21 Prozent der zweithäufigste Männertyp. Er geht stark auf die Erwartungen und Anforderungen der Frauen ein. Um sich dabei aber nicht ganz zur verlieren, markiert er eigene und autonome Bereiche in seinem Leben: den wöchentlichen Kneipenabend mit den Kumpels, die jährliche Ski-, Surf- oder Skattour mit den Freunden, die Fußballspiele des Lieblingsvereins oder die Aktivitäten in einem Verein. Diese Terrains steckt er aktiv ab und verteidigt sie wacker vor den tatsächlichen oder vermeintlichen Ansprüchen seiner Partnerin. Hier will er »ungestört« seine Männlichkeit ausleben. Dieses starr umrissene Terrain dient ihm als stabilisierendes Bollwerk in seinem sehr auf die Frau oder die Familie ausgerichteten Leben.

Den vollkommenen Rückzug in sein Terrain vollzieht der *Eremit* – der mit 7 Prozent kleinste Typus. Nach vielen Enttäuschungen, beruflichen oder privaten Rückschlägen hat er resigniert mit der »Frauenwelt« abgeschlossen. Er lebt allein, zurückgezogen und weitgehend auf sich selbst bezogen. Sein geringes Selbstwertgefühl geht einher mit der Sorge, einer Frau »auf allen Ebenen zu wenig bieten zu können«. Meist hat er nur wenige soziale Kontakte – die Eckkneipe, ein Verein oder das Internet sind sein Zufluchtsort. Die Kontaktarmut und die Eigenbezüglichkeit führen mitunter dazu, dass er sich gehen lässt und sich wenig um sich und sein Erscheinungsbild kümmert.

Ganz anders der *Auto-Erot.* Er ersetzt den disziplinierenden Blick einer Frau durch den Blick in den Spiegel. Er kreist in erster Linie um sich selbst, sein Aussehen und seine Wirkung – auch wenn er sich in seinen Fantasien und Wünschen auf Frauen ausrichtet. Durch die permanente Selbstmodellierung schafft er einen autonomen Bezugspunkt jenseits des Weiblichen. Das Formen seines Körpers im Fitnesscenter, die akribische Pflege und Enthaarung und die Verwendung von Deos, teuren Shampoos oder Aftershaves sind mit der Hoffnung verbunden, so verführerisch zu werden, dass man von einer Frau erwählt wird, ohne selbst direkt aktiv werden zu müssen.

Weitgehend emanzipiert von äußeren Blicken hat sich

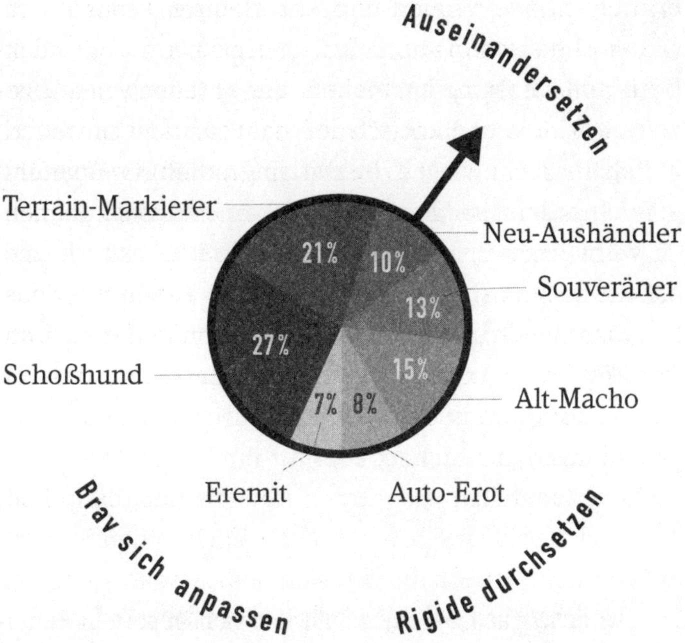

Quelle: ›Mann und Männlichkeit‹: Qualitativ-psychologische Studie zur aktuellen Lebenswirklichkeit der Männer

der *Souveräne.* Er ist meist schon ein Mann jenseits der fünfundvierzig Jahre, der auf ein bewegtes Leben voller Auseinandersetzungen zurückblicken kann. Er hat offen und leidenschaftlich mit seinen Partnerinnen, aber auch mit sich selbst gerungen. Dabei hat er auch Niederlagen erlitten, Erfolge gefeiert und Krisen durchgestanden. In diesem bewegten Prozess hat er eine klare und selbstbestimmte Haltung entwickelt, die er jedoch bereit ist, zu reflektieren und kritisch auf den Prüfstand zu stellen: »Ich habe schon viele Krisen erlebt und immer überlegt, was ich anders machen kann, ohne mich dabei komplett zu verbiegen.« Er blickt stolz auf sein Lebenswerk und seinen festen Lebensstandpunkt. Das verleiht ihm eine in sich ruhende und gefestigte Souveränität, die aber weder abgehoben noch arrogant wirkt. Er ist immer noch bereit, Kompromisse mit seiner Partnerin zu finden, Zugeständnisse zu machen, aber für ihn ist auch klar, was nicht verhandelbar ist.

Der Schoßhund, die Schuldfalle und das doppelte Spiel

Souveräne gibt es allerdings nur 13 Prozent. Der mit 27 Prozent weitaus größte Männertypus ist allerdings der sogenannte *Schoßhund,* der vor allem gegenüber Frauen alles andere als souverän wirkt. Er beschreibt sich selbst als modernen Mann, der natürlich für die Gleichberechtigung ist und auf die Bedürfnisse seiner Partnerin eingeht. Oft vermeidet er jedoch eine offene Auseinandersetzung mit Frauen – zumal er sie vor allem in der Beziehung als führend und stärker erlebt. Wenn der Schoßhund dann doch einmal einen Disput mit seiner Partnerin riskiert, merkt er oft, dass er ihr rhetorisch nichts entgegensetzen kann. Schnell gerät er in die Defensive, und spätestens wenn seiner Partnerin im Eifer des Gefechts die Tränen kommen, sieht er sich beschämt in einer Täterrolle, die keine Liebe verdient, und gibt seine Position kleinlaut auf.

Meist reagiert der Schoßhund im Alltag daher sehr fügsam und folgsam. Er macht oft buchstäblich das, was »Frauchen« ihm sagt, und gibt im Kontakt mit ihr brav Pfötchen. Lediglich in seinem Schweigen »artikuliert« sich mitunter sein Unbehagen oder seine Wut darüber, dass er seiner Partnerin die Direktive überlässt. In punktuellen Trotzanfällen oder in seinen heimlichen Internetfluchten zerbeißt er einen Pantoffel und agiert seine Wut offen aus. Seine Anpassungsstrategie bleibt häufig jedoch unbefriedigend, weil er immer wieder spürt, dass er sich selbst verleugnet. Und kein anderer Männertyp macht so häufig die Erfahrung, dass er mit seiner Haltung den Respekt und die Liebe seiner Partnerin nicht gewinnt, sondern verliert.

Insgeheim folgen diese Männer der Maxime, dass man nur dann geliebt werden kann, wenn man sich nicht schuldig macht. Es gibt jedoch keine Liebe ohne Schuld. Egal was man in der Liebe tut, man macht sich schuldig: Die Männer, die durch Bravheit und Folgsamkeit ihre Unschuld bewahren wollen, machen sich schuldig gegenüber ihren eigenen Interessen, da sie diese weitgehend aufgeben. Sie verleugnen sich und geraten ungewollt in eine seelische Leibeigenschaft, die allenfalls mit Mitleid, aber nicht mit Liebe rechnen kann. Die Männer, die rücksichtslos ihre eigenen Interessen durchsetzen, machen sich schuldig an den Wünschen des anderen oder an einer möglichen Kompromissbildung, die beiden Seiten gerecht zu werden versucht. Dem Schuldproblem können wir nicht entgehen.

Geliebt werden jedoch meist die entschiedenen und markanten Gestalten, die wie der Souveräne einen klaren Standpunkt beziehen und sich damit im doppelten Sinne angreifbar machen. Geliebt werden die Gestalten, mit denen man sich auseinandersetzen kann, die eine Spannung erzeugen, die das Feuer einer Liebe entfachen kann. Aber jede entschiedene Gestalt macht sich unausweichlich schuldig, weil sie Position bezieht und dadurch andere Positionen aufgibt oder negiert. Es gibt und es gab niemals eine Liebe oder ein Leben ohne Schuld.

Das wird aber durch das heutige Kulturideal negiert. Wir träumen von einem konsequenzlosen Leben, in dem der Mensch immer in einem Zustand kindlicher Unschuld bleiben kann. In dieser Logik gelten erwachsene Entschiedenheit, aber auch männlich selbstbestimmte Ausdrucksformen als archaisch, als unkultiviert und damit als überkommen. Männer staunen mitunter, wie klar und selbstbestimmt es Frauen heute gelingt, ihre Position zu artikulieren und durchzusetzen. Sie selber aber haben bereits bei dem Impuls, einen eigenen Wunsch zu artikulieren oder leidenschaftlich für ihn zu streiten, ein schlechtes Gewissen. Denn dann sehen sie sich sogleich in einer Täterposition, die doch sogleich zensiert oder bestraft werden müsste.

Seinem Schulddilemma versucht der Schoßhund zu entkommen, indem er ein doppeltes Spiel treibt. Einerseits versucht er durch seine Bravheit und Folgsamkeit politisch korrekt und damit vermeintlich liebenswert zu bleiben. Andererseits erlaubt er sich Schlupflöcher und kleine Fluchten, die es ihm ermöglichen, seine wölfischen Seiten auszuleben. Im Public Viewing bei Länderspielen erwacht die Leidenschaft der Männerhorde, die auch Frauen inkludiert und mitreißt. In Computerspielen oder an der Playstation kann er angriffslustig und entschieden sein. In Actionfilmen kennt er kein Pardon und rettet knallhart die Welt. In den Diskussionsforen des Internets kann er mit ungeheurer Drastik seine Position beziehen und gegen andere Standpunkte wüten. Und in dem pornographischen Paralleluniversum des Internets entwickelt er im Handumdrehen eine ungeahnte Gradlinigkeit.

Eine eminent wichtige Fluchtburg ist sein Arbeitsplatz. In der Firma mutieren viele Schoßhunde zu Leitwölfen. Hier finden sie die bereits beschriebenen Spielregeln und klaren Rollenzuweisungen, die die Basis für ihre Funktionspotenz ist. Hier erleben sie – quasi kompensatorisch – ihre großen Erfolge, hier werden sie von ihren Kolleginnen und Kollegen wertgeschätzt, bewundert oder zumindest gefürchtet. Trotz all seiner vordergründigen Emanzipationsbekundungen setzt der Schoßhund hintergründig alles daran, diese Machtbastion vor dem Zugriff der Frauen zu verteidigen. Im beruflichen Kontext soll der Einbruch der Rollendiffusion und die damit verbundene Privatinsolvenz auf jeden Fall verhindert werden. Das ist einer der Gründe, wieso der Frauenanteil in den Führungsetagen immer noch so niedrig ist und die Bezahlung als Akt der symbolischen Herabsetzung so viel schlechter ist.

Rollback zur alten Männlichkeit und #MeToo

In den vergangenen Jahren artikuliert sich eine Gegenbewegung zum politisch korrekten und handzahmen Mann. Diese Gegenbewegung kündigt sich auf einer sinnbildlichen Ebene in dem öffentlichen Interesse an der Nachricht an, dass in unser friedliches Auenland nach langer Zeit wieder Wölfe eingedrungen sind. Die Wölfe stehen dabei nicht nur für die wilden Tiere, die bereits in vielen Märchen als potenzieller Feind des Menschen beschrieben werden, sondern auch für die wölfischen Eigenschaften, die mit den todesmutigen jungen Migranten verstärkt ins Land gelangt sind. Dadurch wächst die Sorge nicht nur der Männer, dass der Schoßhund dem Wölfischen unterlegen ist und seiner Rolle als Beschützer nicht mehr gerecht werden kann. Um diese Sorge abzuwenden, wird vom Mann jetzt erwartet, dass er wachsamer, wehrhafter, mutiger wird und selber wieder seine wölfischen Seiten reanimiert.

Diese Gegenbewegung zum netten und braven Mann manifestiert sich in einer ganzen Fülle von Trends wie zum Beispiel die Rückkehr des Vollbarts. Gerade der weitverbreitete wuchernde Vollbart soll ursprüngliche authentische Männlichkeit demonstrieren. Der Hipster inszeniert sich als »Bärtiger« – als Bär und Tiger. Auch die Craft-Bier-Mode gehört dazu. Seit den neunziger Jahren wird das früher doch so männlich markante Pils immer gepflegter, kultivierter, nivellierter und sektähnlicher serviert. Das Craft-Bier markiert jetzt eine Rückkehr zum urwüchsigen und originären Gebräu, das eine unverwechselbare eigene Note und Markanz hat. Ein starkes Bier für starke und genussfähige Männer.

Starke Männer wurden auch bei der Fußball-EM 2016 gefeiert – mit dem Island-Hype und der Auferstehung des Wikingers, der sich in dumpfen Lauten artikuliert und am Spielfeldrand wilde, archaische Tänze vollführt.

In der Literatur beschreibt der französische Autor Michel Houellebecq in seinem Roman »Unterwerfung« in einer Mischung aus Grausen und Faszination den Siegeszug des – islamisch geprägten – Patriarchats. Ein charismatischer muslimischer Politiker gewinnt in Frankreich überraschend die Wahl. Er führt ohne großen Widerstand in der Bevölkerung wieder die Theokratie, das Patriarchat und die Polygamie ein. Den Männern ist wieder die Vielweiberei erlaubt, und im Berufsleben wird ihnen per Gesetz die lästige Konkurrenz der Frauen vom Hals geschafft.

In der Politik arbeitet die AfD mit ihrem traditionellen Familienbegriff eifrig an einer Restauration des alten Männerbilds. Trotz ihrer Islamophobie zeigt die AfD dadurch eine erstaunliche Nähe zum islamisch geprägten Patriarchat. Das alte Familienbild wird auch durch das von Horst Seehofer neu geschaffene Heimatministerium beschworen. Denn die Heimat ist psychologisch betrachtet im Gegensatz zum Vaterland das Mutterland. Während das Vaterland streng und fordernd ist und den Menschen Steuern und andere staatsbürgerliche Leistungen abverlangt, ist das Mutterland behütend und versorgend. Es ist das Paradies der verflogenen Kindheit, ein Zufluchtsort, im dem wir uns geborgen und aufgehoben fühlen. Im Mutterland werden wir getröstet und mit regionalen Spezialitäten wie der Nürnberger Rostbratwurst oder der schwäbischen Maultausche verwöhnt. Im Mutterland haben die Frauen keine politisch gestaltende, sondern eine häuslich versorgende Funktion; ihr

Platz ist am heimischen Herd. Dazu passt auch, dass auf dem ersten Foto der Führungsriege des Heimatministers keine Frau zu finden ist.

Vor allem Donald Trump verkörpert den Rollback zur alten Männlichkeit. Mit seinem Wahlsieg, den seine sexistischen Ausfälle nicht aufhalten konnten, ist der alte Typ Mann buchstäblich wieder zur Weltmacht gelangt. Und jeder neu aufgedeckte Sexskandal, jede seiner im kindlichen Furor getwitterte Drohgebärden scheint die Sympathien seiner Anhänger eher zu befeuern, als zu erschüttern. Aber auch seine Widersacher Wladimir Putin in Russland oder der Natopartner Recep Tayyip Erdoğan in der Türkei verkörpern dieses Rollenmodell.

Vor diesem Hintergrund ist #MeToo eine Gegenbewegung zu der gerade beschriebenen Gegenbewegung. #MeToo betreibt nicht nur Vergangenheitsbewältigung, sondern Zukunftssensibilisierung. Indem die Kampagne die alten männlichen Verfehlungen und Verwerfungen im Hinblick auf sexuelle Gewalt anprangert, sendet sie einen Alarmruf: »Passt auf, ihr Männer! Fallt nicht wieder zurück in archaische Verhaltensmuster, unter denen unzählige Frauen leiden mussten! Lasst uns im Geschlechterverhältnis einen dritten Weg suchen für den Mann zwischen Unterdrückungswahn und Duckmäusertum!«

Der streitbare Mann – über den Mut zur Auseinandersetzung

Dieser dritte Weg erfordert den Mut der Männer, einen klaren Standpunkt zu beziehen und sich dadurch angreifbar zu machen. Das bedeutet aber für das männliche Selbstverständnis der Zukunft nicht den Rückfall ins Patriarchat mit der rigiden Durchsetzung der eigenen Machtansprüche. Die Emanzipation und damit die Freiheit selbst gewählter Rollenaufteilung ist eine unverzichtbare Kulturerrungenschaft, aber auch eine ständige Herausforderung für ein neues Mannsein. Diese Aufgabe lässt sich weder altväterlich-herrisch noch neubrav-soft meistern, sondern nur durch eine echte Bereitschaft zur Auseinandersetzung mit sich selbst und der Partnerin.

Das bedeutet für den Mann, nicht reflexartig den Anliegen der Partnerinnen mit vorauseilendem Gehorsam oder Trotz zu begegnen. Ein kurzes Innehalten bietet die Chance, erst einmal die eigenen Ansprüche und Interessen wahrzunehmen und sie anzuerkennen. Das Bekenntnis zu den eigenen Belangen fällt vielen Männern allerdings aus zwei Gründen heute sehr schwer.

Erstens erhoffen sie, dass die Partnerin wie eine gute Mutter die eigenen Bedürfnisse erkennt, am besten, bevor sie überhaupt selbst von ihnen wahrgenommen werden. Und sie soll den Männern dann unvermittelt die

Erlaubnis zur Wunschbefriedigung erteilen oder sogar selber dafür sorgen. Hier folgen die Männer insgeheim der kindlichen Hoffnung, dass der Lohn für ihren vorauseilenden Gehorsam die vorauseilende Erlaubnis der Partnerin ist. Erwachsener wäre es hingegen, wenn die Männer sich selbst gegenüber eine aufmerksame Fürsorglichkeit entwickeln würden. So hätten sie selbst die Chance, aber auch die Verantwortung, die eigenen Wünsche wahrzunehmen und sich für deren Erfüllung einzusetzen.

Zweitens fällt vielen Männern dieser fürsorgliche Einsatz für die eigenen Belange heute so schwer, weil sie den Unterschied zwischen »bestimmen« und »einen eigenen Standpunkt vertreten« verkennen. Letzteres bedeutet eben nicht, ihn dann auch durchsetzen zu müssen oder zu können. Unvermittelt selbst bestimmen zu können ist eine kindliche Sehnsucht. Den eigenen Standpunkt offenzulegen und zu vertreten, ist eine erwachsene Form des Dialogs. Erst diese eigene Positionsklärung ermöglicht, sich auf einen produktiven Prozess der Auseinandersetzung mit der Partnerin einzulassen. Dieser Prozess hat nichts mit einer Wunscherfüllung auf Fingerwisch oder auf Zuruf zu tun, wie ihn der digitale AppSolutismus verheißt. In einem oft langwierigen und kleinschrittigen Ringen müssen vielmehr gemeinsame Perspektiven ausgelotet, Lösungen entwickelt und Vereinbarungen getroffen werden.

Bei den untersuchten Männertypen »wagt« vor allem der Typus *Neu-Aushändler* diese offene Auseinandersetzung mit seiner Partnerin. Dadurch entsteht in der Beziehung eine produktive gemeinsame Kontroverse, wie in der heutigen Zeit der Alltag gestaltet werden kann. Indem beide ihre eigenen Wünsche und Vorlieben auf Augenhöhe zur Disposition stellen, können Aufgaben und Verantwortungsbereiche organisch aufgeteilt werden: »Ich koche halt gern, und meine Frau hat Lust, den Papierkram zu erledigen. Nachdem wir uns das klargemacht haben, macht jeder das, was er am besten kann.« Das Neu-Aushandeln erfordert aber, dass die Partner ständig im Gespräch bleiben. Nichts ist für die Ewigkeit fixiert. Der Lohn für diese Auseinandersetzungsbereitschaft ist jedoch, dass die Partner entweder innovative und angemessene Lösungen finden können oder sich klarmachen, welche Standpunkte unvereinbar bleiben.

Neu-Aushändler sind mit 10 Prozent ein kleiner Typus. Diese Form des beweglichen Aushandelns findet sich zudem häufig bei Männern unter fünfunddreißig Jahren. Sie sind öfter bereits mit einer berufstätigen Mutter groß geworden. So haben sie schon früh gelernt, für sich selbst zu sorgen und ihre Ansprüche offen zu artikulieren. Sie haben also die Erfahrung gemacht, dass das eigene Wohlbefinden nicht allein von der Präsenz der mütterlichen Liebe abhängig ist. Dadurch haben sie schon früh an

Autonomie gewonnen. Die beschriebene Tendenz zum Liebkindmachen findet sich bei diesen jüngeren Männern weniger stark ausgeprägt. Gemeinsam mit ihren Partnerinnen handeln sie pragmatisch die Modalitäten des Zusammenlebens aus. Dabei entwickelt sich oft eine Partnerschaft auf Augenhöhe, bei der es sowohl zu klassischen als auch zu anderen Rollenaufteilungen kommen kann: »Meine Frau arbeitet jetzt voll-, ich halbtags, und ich kümmere mich auch um die Kinder.«

Das Kind im erwachsenen Manne

Bei dieser unkonventionellen und sehr pragmatischen Beziehungsführung der Neu-Aushändler besteht aber auch die Gefahr einer übergroßen gegenseitigen Anpassungsbereitschaft und Angleichung: »Ich habe Freundinnen, mit denen ich ins Stadion gehen kann und Fußball gucke, aber auch Freunde. Genauso habe ich Bekannte, die können keinen Nagel in die Wand schlagen, und eine Freundin von mir hat ihre komplette Altbauwohnung renoviert.« Mitunter beschreiben solche Paare dann, dass sie mit der Zeit in eine Brüderchen-und-Schwesterchen-Logik geraten sind: »Irgendwann waren wir dann eine gut funktionierende Wohngemeinschaft geworden. Wir lebten harmonisch zusammen, aber es bedeutete uns nichts mehr.« In solch einer pragmatischen, vernunftbetonten und die Unterschiede nivellierenden Lebensform droht nach einiger Zeit das Feuer der Liebe zu erlöschen.

Wirkliche Bereitschaft zur Auseinandersetzung erschöpft sich nicht in schneller harmonischer Anpassung und im einmal geebneten Kompromiss. Sie erfordert den Mut zum Streit, zu Auseinandersetzungen auf Augenhöhe, die auch kontrovers, aufreibend und hitzig sein können. Aber neben diesem Mut zur Auseinandersetzung und der Bereitschaft, erwachsene Entscheidungen zu treffen, brauchen Partnerschaft und Liebe auch kindliche Freiräume. Die Beziehung der Geschlechter bleibt lebendig, wenn sie einen Wechsel von der »vernünftigen« Alltagspragmatik zur spielerischen Liebesdramatik zulässt.

Gerade Liebesleben und Sexualität beziehen ihren Reiz und ihre Sinnlichkeit daraus, dass sich beide Partner erwachsen entscheiden, sich auf ein verrücktes Liebesspiel einzulassen, in dem die üblichen Kategorien der Political Correctness genüsslich geschleift werden. Im Liebesspiel toben sich die kindlichen Sehnsüchte nach totaler Hingabe und Unterwerfung aus. Hier sorgen erniedrigende Tierbennungen für erhebende Luststeigerungen. Hier darf gebettelt, gelutscht, gesaugt, gebissen und zugestoßen werden. Hier sind rigide Dominanz und orgiastische Verschmelzung erlaubt. Aber selbst die ständigen Grenzverschiebungen in Richtung Sadismus und Masochismus, die in dem weltweiten Megabestseller »Fifty Shades of Grey« ausgereizt werden, ereignen sich im abgesteckten Rahmen eines erwachsenen Spiels. In diesem Spiel haben sich beide Partner in klaren Verhandlungen auf verbindliche Regeln verständigt. Hier gibt es Fesseln und Reißleinen.

Die #MeToo-Kampagne warnt vor einem Rückfall in eine archaische Männlichkeit, in der die Männer im Umgang mit den Frauen die Bestimmungsgewalt ausagieren. Ihr berechtigter Appell zu einem achtsamen und respektvollen Miteinander sollte allerdings nicht zu einer totalen Formalisierung und Reglementierung der Beziehung zwischen Mann und Frau führen. Die Liebe oder das Flirten als ihre spielerische Vorform gedeihen nur in der spannungsvollen Mehrdeutigkeit von Übergangserfassungen und nicht in der politisch korrekten Eindeutigkeit einer genau abgesteckten und akribisch vermessenen Tugendwelt.

Vor allem das Flirten ist ein Spiel mit Anspielungen. Beide Partner lassen sich darauf ein, sich in einen experimentellen und konsequenzfreien Spielraum zu begeben, in dem alles möglich werden kann, aber nichts dringlich werden darf. Die unausgesprochene Regel dabei ist, dass der Flirt nicht in sexuelle Tätigkeiten übergeht. Und wenn einer der beiden Flirtenden aussteigen will, ist das Spiel aus. Das erfordert aber für beide Partner eine sensible Achtsamkeit und ein virtuoses Aufeinanderbezogensein. Beide müssen ihren wachsamen Blick darauf richten, ob der andere überhaupt bereit ist, (weiter) mitzuspielen.

In diesem erwachsenen Rahmen eröffnet sich ein spielerischer Freiraum, in dem lustvoll, aber gefahrlos mit möglichen Beziehungsintensivierungen kokettiert werden kann, gerade weil sie nicht konkret ausagiert werden. Beide – Mann und Frau – können durch Blicke, Komplimente oder beiläufige Berührungen ihre Anziehungs- und Wirkungskräfte auf das andere Geschlecht erproben. Sie können dabei in einen mitreißenden und erregenden Sog geraten, der für Außenstehende meist überhaupt nicht wahrnehmbar ist, weil er durch Doppelsinnigkeiten und symbolische Anspielungen getragen wird. Der Lustgewinn des Flirtspiels hängt damit zusammen, dass die üblichen Kategorien, was eigentlich männlich und weiblich sei, ständig verrückt werden. Der aktive Part und der passive Part, die bestimmende und die ausgleichende Rolle wechseln im Verlauf des Spiels. Für den Psychologen Dirk Blothner eröffnet der Flirt daher einen Spielraum, »in dem die Frage nach männlich oder weiblich (…) ganz neu ausgehandelt werden kann«.[19]

Im Flirtspiel stellen wir laut Blothner eine Verfassung her, in der das Feuer der Liebe für einige Augenblicke voll entfacht werden kann. Und dieses Feuer kann bereits bestehende Liebesbindungen beleben oder ein neues Liebesglück entzünden. Dieses Feuer und die Kunst der Auseinandersetzung schaffen mehr als Folgsamkeit oder Tyrannei die spannungsvolle Hitze, die es möglich macht, gemeinsam zu schmieden, was einander verbindet.

6

Mütter, die überlasteten Alleskönnerinnen

Allmacht bis zur Selbstaufgabe

Multiple Perfektionsansprüche und Machbarkeitswahn

In einer Gesellschaft, die von kindlichen Verheißungen und vom Jugendwahn bestimmt ist, sind die Mütter häufig die Einzigen, die noch eine erwachsene Position einnehmen. Die besondere Stellung und Verantwortung der Frauen in Deutschland manifestiert sich in einer tiefenpsychologischen Frauenstudie[20], in deren quantitativem Teil 1000 berufstätige Frauen zwischen zwanzig und fünfzig Jahren zu ihrer Lebenssituation befragt wurden. Zwei Drittel der Mütter (69 Prozent) sehen sich dazu gezwungen, zu Hause sowohl Vater- als auch Mutterrolle zu übernehmen. Und ein Drittel fühlt sich alleinerziehend, trotz eines vorhandenen Partners. Ebenso viele Frauen betrachten ihren Mann gar als ein weiteres Kind. Die Frauen in Deutschland stehen unter der Last eigener und fremder Erwartungen.

Die von den Frauen in der Studie immer wieder geäußerten Erschöpfungsgefühle im Alltag hängen auch mit dem unerschöpflichen Rollenfundus der modernen Frau zusammen. Es gibt kaum noch eine Frau in Deutschland, die ihr Heil und ihre Bestimmung dauerhaft nur in ihrer

Mutterrolle und in der Familie sieht. Frauen wollen sich heute selbstverständlich auch beruflich verwirklichen, einen Beitrag zum Familieneinkommen leisten und Karriere machen. Sie wollen aber auch eine attraktive Partnerin ihres Mannes sein. Den Fitness- und Schönheitsanforderungen unserer Kultur folgend, sind sie bereit, viel für ihre Gesundheit und ihre Bodyperformance zu tun. Als kommunikativ kompetente und sozial engagierte Frau wollen sie aber auch Zeit für ihre Freundinnen haben. Und schließlich haben die Frauen auch den Anspruch, sich selbst zu verwirklichen und ausgiebig ihren eigenen Interessen und Entwicklungsansprüchen zu folgen.

Der digitale Machbarkeitswahn unserer Gesellschaft beeinflusst auch ihre Einstellung zu ihren vielfältigen Rollen. In der analogen Welt herrschte noch die Einsicht vor, nicht allen Rollen gleichzeitig vollauf gerecht werden zu können. Im digitalen AppSolutismus mit seiner Verheißung des kinderleichten Gelingens gilt Perfektion in allen Lebenslagen als Maxime. Die diversen Rollenanforderungen werden daher heute meist nicht priorisiert oder relativiert, sondern vergleichzeitigt und verabsolutiert. Die Frau soll als Mutter gleich Supermutter sein und eine verführerische Liebhaberin. Als erfolgreiche Karrierefrau soll sie gleichzeitig auch die tolle Freundin sein, die Tag und Nacht zum Pferdediebstahl bereit ist. Und die Träume von Selbstverwirklichung sind beinahe grenzenlos.

Der Alltag der Frauen steht unter dem Diktat multipler Perfektionsansprüche, die alle gleichermaßen gültig sind. Dennoch sollen sich die berufstätigen Mütter ihre Überforderung nicht anmerken lassen. Das Bild der stets gelassenen und entspannten Latte-macchiato-Mutter bestimmt seit Jahren die Idealvorstellungen einer souveränen Alltagsgestaltung. Zugespitzt formuliert sitzt die Latte-macchiato-Mutter gemeinsam mit ihren Freundinnen relaxt im Café. Davor spielen die Kinder, die liebevoll beobachtet werden. Neben jeder Mutter steht aufgeklappt der Laptop für die kleine geschäftliche Transaktion zwischendurch. Und die Sonneneinstrahlung verspricht dann die notwendige erotische Ausstrahlung für das Abendprogramm mit dem Partner.

Auch wenn diese Idealisierungen jenseits der Alltagsrealität der berufstätigen Mütter sind, lieben viele Frauen den heutigen Reichtum an Lebensbildern und Rollenoptionen und die damit verbundene Fülle und Dramatik. Die hoffnungsvolle Annahme, alles schaffen zu können, setzt meist unglaubliche Energien im Alltag frei. Staunend lauschen die Psychologen im Interview den Schilderungen der Frauen über ihr alltägliches Aktivitätsstakkato in den unterschiedlichsten Bereichen. Der Alltag ist unfassbar reich an Tätigkeiten, Terminen, Erledigungen, Planungen und kleinen Dramen. Und über diese faktischen Tätigkeiten hinaus haben die Frauen oft das Große und Ganze der Familienorganisation im Blick.

Sie fühlen sich dafür verantwortlich, dass die Kinder gedeihen, dass das Familienleben funktioniert und jeder in der Familie auf seine Kosten kommt. »Bei mir laufen alle Fäden zusammen, ich habe alle Termine im Blick und sehe auch, dass der Kühlschrank leer ist.« Dabei gehen die Frauen oft bis an die Grenze der Selbstaufgabe und ordnen sich und ihre Bedürfnisse der Familie unter.

Die oft hart erkämpfte Meisterung dieser multiplen Herausforderungen führt mitunter zu dem rauschhaften Gefühl, als Frau tatsächlich allmächtig zu sein. Stolz beschreiben viele Frauen sich als potente Alleskönnerinnen. Werbung und Medien befeuern dabei die Allmachtsgefühle der Frauen durch die Inszenierung der kinderlieben Karrierefrau, die in der Freizeit als attraktive Shopping-Queen brilliert. Stolz und Hochgefühl münden jedoch mit der Zeit häufig in Erschöpfung, Frustration und in Versagensängsten.

Schlechtes Gewissen und Mütterkonkurrenz

Trotz oder vielmehr aufgrund dieses enormen Pensums, das im Alltag virtuos bewältigt wird, fühlen sich die Frauen oft leer und unausgefüllt. Was sie auch leisten, es scheint nie genug zu sein. Sie arbeiten sich an einem unerreichbaren Idealbild unaufhörlich ab. Egal, wie der Tag auch verläuft, am Abend plagt die Frauen häufig ein schlechtes Gewissen, doch nicht allen Anforderungen vollauf gerecht geworden zu sein: »Habe ich mich heute nicht doch zu wenig um die Kinder gekümmert? Der Jüngste kam doch mit einer schlechten Note nach Hause, und ich habe ihn nicht auffangen können, weil ich so im Stress war und ich noch einkaufen musste. Und im Büro lief es auch nicht so gut. Die zugesagten Termine konnte ich nicht einhalten, und ein Dutzend Mails sind immer noch nicht beantwortet. Jetzt will mein Mann sicherlich heute mit mir einen zärtlichen Abend verbringen, aber auf Sex habe ich schon seit Wochen keine Lust mehr. Und was ist mit meinen Freundinnen? Ich habe doch so viel um die Ohren. Die Flasche Prosecco, die ich schon vor Wochen für den Mädelsabend gekauft habe, gammelt im Kühlschrank ihrem Verfallsdatum entgegen. Und die Hoffnung, endlich mehr für mich zu tun und einen Yogakurs zu besuchen oder einfach nur mal joggen zu gehen, habe ich schon seit Langem ad acta gelegt.«

Diese alltäglichen Probleme werden verstärkt durch grundlegende Zweifel: Sind mein Arbeitsplatz oder meine Karriereambitionen gefährdet, wenn ich Teilzeit arbeite? Bekomme ich tatsächlich einen Betreuungsplatz für mein Kind? Verlässt mich mein Partner, und wie kann ich dann als Alleinerziehende klarkommen? Und mit diesen beruflichen oder privaten Absturzängsten ist dann auch die Sorge um die materielle Sicherheit verbunden.

Das ständige Gefühl, den fremden und eigenen Ansprüchen nicht zu genügen und sich in einem aussichtslosen Perfektionskampf aufzureiben, manifestiert sich im Alltag oft in einer Genervtheit und Gereiztheit gegenüber den Kindern oder dem Partner. Viele Mütter spüren dann, wie aggressionsgeladen und wütend sie sind. Aber sie versuchen, das vor sich und den anderen zu verbergen. Der eigene Druck verschiebt sich oft in eine Konkurrenz mit anderen Frauen und entlädt sich mitunter dann in offenen Anfeindungen. In dieser Konkurrenz wollen die Frauen den Beweis antreten, wenn schon nicht die perfekte Mutter, dann doch zumindest die bessere Mutter zu sein. Die eigene Wut, die in einer oft erbittert geführten Mütterkonkurrenz ausagiert wird, steigert jedoch letztendlich meist die eigene Erschöpfung. Denn im täglichen sozialen Wettstreit, wer denn die liebevollere, die organisiertere, die kreativere, die attraktivere oder die fleißigere Mutter ist, setzen sich viele Frauen zusätzlich unter Druck.

Mitunter entstehen dabei skurrile Formen der Alltagsverausgabung wie etwa der Butterbrotdosen-Battle. Hier wetteifern die Mütter täglich darum, wer den Kindern die kreativeren Butterbrote mit in den Kindergarten oder die Schule gibt. Liebevoll dekorierte Brote in Herzform oder filigran in Tierform geschnitzte Gürkchen werden in Schultaschen gepackt, in der Hoffnung, dass sie den Klassenkameraden wie Trophäen präsentiert werden. In einer ähnlichen Logik gibt es dann den Geburtstags-Battle um die originellste Feierdramaturgie.

Die Frage, wer ist die Schönste im ganzen Land, wird in vielen Variationen gestellt: Wer kocht am gesündesten im ganzen Land? Wer hat die ausgefallensten Bastelideen? Wer gestaltet mit den Kindern die abwechslungsreichste Freizeit? Wer fährt an die exotischsten Urlaubsziele? Selbst emanzipatorische Errungenschaften wie die Backmischung, die neben der Zeitersparnis eine bequeme Gelinggarantie verspricht, sind unter vielen Müttern verpönt. Denn die gute Mutter hat alles selbst zu machen und sich dem ganzen Prozess des Backens zu unterwerfen.

Entlastung wird zur Belastung

Die Studie zeigt, dass Frauen einen großen Wunsch nach Entlastung haben. Oft ist diese aber nicht realisierbar, da im Haushalt die finanziellen oder personellen Ressourcen dafür fehlen, oder es mangelt an Betreuungsplätzen für die Kinder; oder im Beruf sind keine Teilzeitarbeitsmöglichkeiten gegeben.

Auffällig ist jedoch, dass viele Frauen auch da, wo diese Ressourcen und Möglichkeiten faktisch vorhanden sind, in den Interviews einen Widerwillen artikulieren, tatsächlich Hilfe anzunehmen: »Für mich wäre eine Putzfrau das Eingeständnis, dass ich es nicht allein schaffe.« Auch die durchaus vorhandene und willkommene Unterstützung der Männer wird von den Frauen häufig ausgeblendet oder kleingeredet, um den eigenen Anspruch, doch allein alles stemmen zu können, nicht zu schmälern. Und oft haben die braven Väter trotz ihres guten Willens gar keine Chance, ihre Frauen zu entlasten, denn jede zweite Mutter (51 Prozent) übernimmt die Dinge lieber selbst, bevor sie sich mit dem Partner darüber auseinandersetzt. Das bedeutet zwar Mehrarbeit, gibt ihnen aber auch das Gefühl, unersetzbar zu sein. Als Teilentlastung können sich manche Frauen allenfalls einen programmierbaren Staubsaugerroboter vorstellen. Dieses stumme und motorische Pendant zu Alexa verspricht im kleinen Rahmen »eine bessere Unterstützung zu sein als der unkontrollierbare Ehemann«.

Vielen Frauen gelingt es zwar, kleine Fluchten in ihren Alltag zu integrieren wie etwa ein Wellnesswochenende, einen regelmäßigen Sportkurs oder einfach nur einen familienfreien Abend in der Woche. In diesen Auszeiten wollen sie entspannen und sich wieder »auftanken«. Der kurze Ausstieg aus dem Alltagsgetriebe ändert jedoch meist nichts an dem vorherrschenden Gefühl der Überbeanspruchung. Denn die Logik des »Auftankens« impliziert ja, dass man nach dem Tankstopp wieder durchstarten will. Oft dient die Auszeit daher vor allem dazu, das Hamsterrad zu ölen, um nach dieser Pause weiter durchdrehen zu können. Mitunter wird die Auszeit sogar zu einem weiteren Muss im Alltag und stellt einen zusätzlichen Anspruch an die Frau dar: »Wenn du nicht ab und zu mit deinen Freundinnen wegfährst oder ein Wellnesswochenende machst, heißt das doch, du lässt dich hängen und bist nur noch Mutti.«

Besorgniserregend ist, dass viele Frauen unbewusst bereit sind, von sich selbst oder ihrer Familien Engagement bis zur Selbstaufgabe zu fordern, um das allmächtige Bild der Alleskönnerin aufrechtzuerhalten. Frauen geraten dabei oft an die Grenzen ihrer Selbstbestimmtheit und fühlen sich ohnmächtig im Familiengetriebe. Sie befürchten dann, dass nichts Eigenes mehr bleibt und dass sie sich als Person auflösen: »Ich regle zwar alles, und mein Mann hat das Gefühl, dass alles nach meiner Pfeife tanzt. Dabei habe ich das Gefühl, dass von mir eigentlich nichts übrig bleibt.« Die Kinder sind gestillt, aber die eigenen Sehnsüchte bleiben ungestillt.

Der Preis der Allmacht – Erschöpfung und Erschöpfungsstolz

Stress, Dauertaktung, Überforderung, die Zunahme von Arbeit, die in immer kürzerer Zeit erledigt werden muss, finden sich nicht nur im Alltag der berufstätigen Frauen und Mütter. Sie sind ein Phänomen unserer modernen Arbeitswelt, die zunehmend auf Effizienz und die Erfüllung von Quartalszahlen setzt. In der besinnungslosen Betriebsamkeit des Arbeitslebens mit seinem forcierten Erschöpfungsmodus werden aber die schöpferischen Kräfte der Menschen torpediert, die doch langfristig erst Kreativität, Entwicklung und körperliche sowie seelische Gesundheit ermöglichen. In meinem Buch »Die erschöpfte Gesellschaft« bin ich der Frage nachgegangen, wieso die meisten Menschen nicht gegen den Druckzuwachs am Arbeitsplatz rebellieren, sondern ihn oft stillschweigend erdulden. Einen Erklärungsansatz sah und sehe ich in einem Paradigmenwechsel vom Werkstolz zum Erschöpfungsstolz.

Die meisten Arbeitsprozesse sind heute so fragmentiert, dass wir am Ende des Arbeitstages kein ganzheitliches Bild mehr davon haben, was wir eigentlich Produktives und Sinnvolles geleistet haben. Der Arbeitstag zerfällt buchstäblich in eine Fülle unverbundener Einzeltätigkeiten – in viele Besprechungen, Mails, Telefonate und kleine oft formalisierte Erledigungen. Diese parzellierten Aktivitäten haben keinen Werkcharakter mehr. Wir können uns nicht nach getaner Arbeit wie etwa ein Schreiner stolz den Fortschritt unseres Werkstücks vor Augen führen. Der fehlende Werkstolz wird nun durch den Erschöpfungsstolz ersetzt. Auch wenn wir auf dem Weg nach Hause nicht genau wissen, was wir überhaupt den ganzen Tag gemacht haben, so spüren wir zumindest, wie erschöpft wir doch sind. Die erlebte Erschöpfung wird jetzt zum Produktivitätsgradmesser. Je erschöpfter wir uns fühlen, desto erfolgreicher war folglich unser Arbeitstag. Und wenn wir dann abends nur noch komatös auf dem Sofa sitzen und durch die Sender zappen, haben wir das Gefühl: »Wow, muss ich heute produktiv gewesen sein.«

Der Erschöpfungsstolz entwickelt häufig eine eigene Dynamik, die Suchtcharakter haben kann. Wir suchen den immer größeren Erschöpfungskick, um noch stolzer auf unser Tagwerk zu sein. Dabei geraten wir zunehmend in eine Verausgabungsspirale und sind bereit, das Pensum immer weiter zu steigern. Die Extra-Überstunden, die bezwungenen Mail-Hundertschaften, die Wochenendarbeit geben uns den benötigten Erschöpfungskick. In den Betrieben herrscht unter den Kollegen dann oft eine Erschöpfungskonkurrenz, die durchaus Ähnlichkeiten mit der beschriebenen Mütterkonkurrenz hat. Allerdings geht es jetzt nicht um die

Frage, wer die bessere Mutter ist, sondern um den inoffiziellen Titel des Verausgabungsweltmeisters. Die Erschöpfungskonkurrenz schwappt aber auch in die Familien. Nach Feierabend wetteifern dann Mann und Frau darum, wer eigentlich den stressigeren Arbeitsalltag durchlitten hat und daher das primäre Anrecht auf Zuspruch und Entlastung hat. Aus den beschriebenen Mechanismen übernehmen dann meist die Frauen den Versorgungspart und bauen zu Hause ihren Erschöpfungsstolz aus.

Turboeffizienz bis zum Burn-out

Dauerbetriebsamkeit und Turboeffizienz gelten vor allem in Deutschland, das sich als vorbildlich produktive Leistungsgesellschaft sieht, als erwachsen und vernünftig. Dabei wird aber übersehen, dass im Erschöpfungsduktus der forcierten Projekttaktung weit mehr als Werkstolz und die Gesundheit der Arbeitenden gefährdet sind. Verloren gehen auch die Liebe zur Sache, die Hingabe und Muße, die produktive Verrücktheit und damit letztendlich auch die schöpferische Kreativität und Visionskraft, die ein erwachsenes Land der Ideen eigentlich so dringend braucht.

Unter dem Druck multipler Perfektionsansprüche, denen sich die Frauen heute ausgesetzt sehen, droht auch die Mutterschaft in eine forcierte Projektlogik zu geraten. Die Psychologin Susanne Wiesmann beschreibt in einer bislang unveröffentlichten Studie, die sie mit jungen Müttern durchgeführt hat, dass das letzte analoge Abenteuer Mutterschaft in einen genau definierten Zeitrahmen gepresst werden soll. Genau ein Jahr wollen die Mütter aus dem Beruf aussteigen – denn die Jahresspanne scheint kulturell gesetzt und damit erlaubt zu sein. Die Mütter, die längere Zeit aus dem Beruf aussteigen und sich überwiegend der Familie widmen wollen, brauchen als Legitimation ein zweites Kind. Sonst laufen sie Gefahr, als Glucke angesehen zu werden. Die Rechtfertigung für eine mehrjährige heimische Betreuung der Kinder haben die Mütter erst mit drei Kindern.

In diesem einen Jahr fokussierter Mutterschaft wollen Frauen allerdings das volle und ungetrübte Mutterglück erleben. Zum perfekten Mütterprogramm gehört laut Susanne Wiesmann aber eine Art Still-Verpflichtung, um die größtmögliche Nähe und Bindung zum Kind zu schaffen. Ehrgeizig versucht manche Mutter dann im Projektjahr Mutterschaft, ihren Kindern ein Höchstmaß an Förderung zukommen zu lassen – von der richtigen Ernährung für die Gehirnentwicklung bis zur Anregung der Intelligenz. In diesem Projekt-Pragmatismus geraten die Sehnsüchte und Bedürfnisse der Kinder, aber auch die der Mütter oder der Väter aus dem Blick. Die Frage, wie eine organische Entwicklung in der eigenen

Familie aussehen kann und welches Zeitmaß seelisch angemessen ist, wird nicht mehr gestellt.

Getrieben von Allmachtsvorstellungen und Erschöpfungsstolz läuft der Alltag nicht nur der Frauen auf eine Überlastung hinaus. Multiple Herausforderungen, Dauertaktung und Dauerstress, besinnungslose Betriebsamkeit, Erschöpfungskonkurrenz und Versagensängste führen zu Einschlafproblemen oder Schlaflosigkeit. Der Preis der heutigen Turboeffizienz ist oft der Verlust an Lebensqualität, an Sinn und Sinnlichkeit und die Zunahme an gesundheitlichen und seelischen Problemen. Endstation Burn-out lautet oft die Diagnose in einer erschöpften Gesellschaft.

Aber bereits der Begriff verherrlicht implizit die Daueraktivität. Denn Burn-out impliziert, dass man gebrannt hat und bis zur Selbstaufgabe engagiert war. Der dauerhaft Brennende hat wie eine Kerze das eigene Wachs dem Wachstum geopfert. Dafür gebührt ihm eigentlich Dank und Anerkennung. Burn-out hat daher oft den Nimbus einer modernen Tapferkeitsmedaille. Dabei kaschiert der Begriff oft einen Krankheitszustand tiefsten Niedergeschmettertseins und völliger Perspektivlosigkeit, der gemeinhin als Depression bezeichnet wird.

Selbstfürsorge – über den Mut zu individuellen Lösungen

Aus eigener Kraft schaffen es viele Frauen nicht, eine Wende einzuleiten, partiell loszulassen und sich von dem überdrehten Getriebe zu befreien. Oft ändern sie erst dann etwas, wenn sie ein Schicksalsschlag wie eine Fehlgeburt, eine Krankheit in der Familie, der Tod eines Angehörigen oder die Kündigung ereilt.

In solchen krisenhaften Störmomenten gelingt es den Frauen, innezuhalten und kritisch ihren bisherigen Lebensalltag zu hinterfragen. Was ist mir wirklich wichtig? Was kann und will ich nicht mehr mitmachen? Muss ich wirklich auf allen Hochzeiten tanzen und überall präsent sein? Erst wenn Frauen dazu in der Lage sind, die vorherrschenden Perfektionsideale zu relativieren und ihre ganz alltägliche Unvollkommenheit zu akzeptieren, entspannen sich die Dinge. Dann weicht der Druck des permanent schlechten Gewissens, und die Frauen finden die innere Ruhe, ihre verschiedenen Rollen zu priorisieren. Priorisieren bedeutet dabei nicht, die verschiedenen Ansprüche aufzugeben, sondern ein realistisches Maß zu finden, wann und wie lange welcher Part im Leben vorherrschend sein soll.

Natürlich sind die meisten Frauen virtuos darin, zu priorisieren und ad hoc zu entscheiden, welche Aufgabe momentan Vorrang hat und welche anderen Rollen für kurze Zeit in den Hintergrund gerückt werden. Dieses alltägliche Priorisieren steht aber noch in der Logik des persönlichen Getriebenseins. Es folgt den scheinbar unverrückbaren äußeren Maßstäben, denen eine Frau heute genügen soll. Innehalten bedeutet, diesen Aktivitätskreislauf einmal bewusst zu stoppen. Das bewusste Nichtstun kann einen spielerischen Freiraum eröffnen, in dem nichts nötig und alles möglich erscheint. Ein solcher Freiraum bietet die Chance, auf einer übergeordneten persönlichen Ebene jenseits aller Tageszwänge einen eigenen Maßstab zu entwickeln, was für einen persönlich wirklich wichtig, machbar und möglich ist. Für die Politik ist damit die Aufgabe verbunden, finanzielle und strukturelle Rahmenbedingungen zu schaffen, die jeder Frau den Spielraum für solche individuellen Lösungen ermöglicht.

Mitunter brauchen Frauen einen Coach. Sie besuchen Mütter-Blogs, die sie darin bestärken, dass sie eine »good enough mother« sind und keine Helikoptermutter sein müssen. In Internetforen finden sie spirituelle Unterstützung. Die Frauenzeitschrift Happinez erteilt ihnen die »offizielle« Erlaubnis zur Entschleunigung und zum Innehalten. Vor allem Magazine wie Happinez, MyWay oder Flow haben Konjunktur, weil sie einen entschiedenen Kontrapunkt zu den sonstigen Frauenzeitschriften oder besser gesagt den klassischen Umerziehungsmagazinen beziehen. Denn viele dieser etablierten Frauenzeitschriften halten den Perfektionsdruck konstant hoch. Sie propagieren, wie Frauen Kinder erziehen, wie sie kreativ kochen oder den Garten pflegen sollen. Tipps für die neueste Frühjahrs-, Sommer- oder Wintermode finden sich neben der Bikinidiät, die wiederum flankiert wird mit klugen Ratschlägen, wie das Beziehungsleben aufgefrischt werden kann. Und neben den Ideen für ein erlebnisintensives Wochenende mit den Freundinnen finden sich prickelnde Anregungen, wie das abendliche Gespenst der Langeweile aus den ehelichen Schlafzimmern vertrieben werden kann.

Die zentrale Botschaft von Happinez und Co. ist dagegen: Du darfst so sein, wie du bist – du brauchst dich nicht verändern, denn du bist auch so liebenswert[21]. Bereits auf der Titelseite deutet ein Kreis mit einem mitunter esoterisch anmutenden Entschleunigungs- oder Selbstfindungsspruch an, dass sich in dem Magazin alles nur um die Wünsche und Sehnsüchte der Frauen dreht. Die Welt da draußen mit ihren Krisen und Verwerfungen ist ebenso ausgeblendet wie die familiäre Welt mit ihren Unstimmigkeiten und Dramen. So sind laut dem Chefredakteur Uwe Bockelmann aus der Happinez per Redaktionsdekret die drei aus Frauensicht unlösbaren Problemkomplexe des Alltags verbannt: Männer, Kinder und Haustiere.

Die Gewissheit, dass es hier nur um die Leserin geht, eröffnet bei der Lektüre einen geschützten und quasi-therapeutischen Raum. Auf dem Sofa geraten die Frauen animiert von Reiseberichten, langen Bilderstrecken, spirituellen Texten oder Dokumentationen über besondere Menschen, die ihr Leben grundlegend geändert haben, in eine Stimmung, in der sie sich selbst wieder spüren und ihren Träumen nachgehen. Aber auch hier beschleicht sie schnell wieder das schlechte Gewissen, ob sie das überhaupt dürfen, weil die Alltagspflichten ja immer noch direkt hinter dem Sofa lauern. Hier erteilt dann der Alltagstherapeut der Frau die Absolution, wirklich so sein zu dürfen, und die Legitimation, sich selbst wichtig zu nehmen, sich für das Schöne und Wahre im Leben zu öffnen und den Alltag einfach mal zweckfrei und mit allen Sinnen zu genießen.

Es ist bedenklich, dass nach Jahrzehnten der Emanzipation vielen Frauen die Selbstfürsorge so schwerfällt und sie offenbar immer noch unter dem Diktat der Fremd- und Familienfürsorge stehen. Diese Selbstfürsorge ist alles andere als egoistisch oder kindisch. Sie ist eine erwachsene Voraussetzung, um zu erkennen, was ich zu einem angemessenen und erfüllten Leben brauche. Und ebenso wie das Christentum die Selbstliebe als Basis der Nächstenliebe sieht, sollte im familiären Alltag der Frauen die Selbstfürsorge die Grundlage für die Fremdfürsorge sein. Denn wenn es mir selbst nicht gut geht, weil ich erschöpft, gestresst bin, von Gewissensbissen oder Versagensängsten gepeinigt werde, geht es in aller Regel auch den Kindern, dem Partner oder den Freunden nicht gut. Selbstfürsorge bedeutet eben nicht, dass man den heutigen Allmachts- und Perfektionsidealen blind hinterherhetzt, sondern individuelle Lösungen für die Priorisierung und Gestaltung des Alltags wagt.

7

Kindheit und Jugend

Der Fluch des Paradieses

Die Risse im Versorgungsparadies

Die Kindheit hat zu jeder Zeit ihr eigenes Gepräge. Was Kinder erleben, wie sie ihren Alltag gestalten, mit ihren Sehnsüchten und geheimen Ängsten umgehen, hängt stark von der Gesellschaft ab, in die sie hineinwachsen, und vom Rollenverständnis ihrer Eltern. Deswegen ergibt es auch wenig Sinn, die Kindheit heute mit der Kindheit der Mütter und Väter oder Großeltern zu vergleichen – zu unterschiedlich sind die Chancen, aber auch Beschränkungen der persönlichen Entfaltung der Generationen. Das Leben der Kinder in den Nachkriegsjahren war noch durch Entbehrungen und Mangelerfahrungen auf allen Ebenen bestimmt und durch eine tiefe Skepsis gegenüber allen Autoritäten und Institutionen. In den sechziger Jahren, in der Zeit des Wirtschaftswunders, prägte oft die noch vorherrschende kleinbürgerliche Strenge, eine gesellschaftliche Betoniertheit und Borniertheit die Jahre der Kindheit. Die Jugend nach 1968 lehnte sich dann gegen diese Enge auf und stritt für Freiheit, Gleichberechtigung und Emanzipation.

Wenn man heute mit Kindern und Jugendlichen in

Kleingruppen oder auch in Einzelinterviews[22] ausführlich über ihren Alltag spricht, ergibt sich ein überraschend übereinstimmendes Bild der Verhältnisse, in denen sie aufwachsen. Die meisten Kinder kennen weder Mangel noch elterliche Überstrenge. Zwar gibt es in Deutschland immer noch zu viele Kinder, die in prekären Verhältnissen aufwachsen, aber die Mehrheit verfügt im Vergleich mit vielen anderen Ländern der Welt über eine paradiesisch anmutende materielle Grundausstattung. Die Kinderzimmer sind meist voll mit Spielsachen. Oft haben die Kinder Markenkleidung in ihrem Schrank. Meist verfügen sie schon mit zehn Jahren über ihr eigenes Handy und fühlen sich durch dieses Zepter der digitalen Macht bereits wie kleine Könige.

Die meisten Eltern werden von ihren Kindern als verständnisvoll und tolerant beschrieben. Sie versuchen, mit ihren Kindern viel Zeit zu verbringen, und sie machen sich viele – und aus Sicht der Kinder mitunter zu viele – Gedanken um sie. Die Eltern wollen dabei oft Partner oder Freund ihrer Kinder sein und tun sich mitunter schwer damit, eine Elternrolle einzunehmen. Gleichzeitig haben sie jedoch hohe Erwartungen an ihre Kinder, die mitunter zum persönlichen Prestigeobjekt werden.

Einbuße erfahren die Kinder heute jedoch auf einer ganz anderen Ebene. Sie erleben ihre grundsätzliche Lebensordnung als labil und brüchig. In beinahe jedem Gespräch wird die Stimmung der Kinder bedrückt, wenn das Thema Trennung aufkommt. Fast alle Kinder wissen darüber zu berichten, dass sich in ihrem unmittelbaren Umfeld Familien getrennt haben. Sie berichten von Freunden, die von ihren Müttern allein erzogen werden oder die desertierende Väter haben, die die Familie verlassen haben und sich nur noch wenig kümmern. Viele kennen auch aus mittelbarer oder unmittelbarer Erfahrung das Leben in einer Patchworkfamilie. Das Damoklesschwert der familiären Zerrissenheit und Brüchigkeit schwebt heute über der Kindheit. Viele Kinder schildern, wie empfindlich sie darauf reagieren, wenn sich die Eltern streiten. Sogleich steigt Angst auf, dass jetzt der Zeitpunkt erreicht sein könnte, an dem auch die eigene Familie auseinanderbricht.

Das Gefühl, in einer labilen Grundordnung aufzuwachsen, macht sich nicht nur an dem als wackelig erlebten Verhältnis zwischen Vätern und Müttern fest. Auch der Alltag erscheint oft nicht mehr durch klare und verlässliche Routinen bestimmt: Variable Arbeitszeiten der Eltern, Ganztagsschulen mit wechselnden Stundenplänen oder Unterrichtsausfall, aber auch die schwindende Relevanz von religiösen und gesellschaftlichen Ritualen tragen dazu bei, dass sie nicht auf feste Abläufe in ihrem Alltag bauen können.

Zudem sind die Eltern aufgrund der sich auflösenden

Männer- und Frauenbilder in eine Rollendiffusion geraten. Zuständigkeiten und Ansprechpartner sind in der Familie oft nicht klar geregelt. Vater und Mutter fühlen sich daher oft für alles und nichts verantwortlich – was häufig zu Streitereien führt, die wieder die Ängste der Kinder schüren, dass die Familieneinheit akut gefährdet ist. Die Kinder erleben auch die Verunsicherung ihrer Eltern in Sachen Erziehung. Trotz der Lektüre diverser Elternratgeber wissen sie nicht, was richtig und falsch für ihre Kinder ist, und es fällt ihnen mitunter schwer, einen festen Rahmen vorzugeben.

So erleben die Kinder die eigenen Eltern in ihrem Spagat zwischen Beruf, Familie und eigenen Interessen oft als überfordert. Selbst wenn die Eltern physisch präsent sind, sind sie oft psychisch abwesend. Denn da sie vieles gleichzeitig zu erledigen haben, sind sie in Gedanken oft schon bei der nächsten Aufgabe. Die Kinder wachsen so in einem sphärischen Nebel von Anwesenheit und gleichzeitiger Abwesenheit ihrer Eltern auf. Das macht es schwierig, ihre Eltern wirklich zu fassen zu kriegen und eine Beziehung herzustellen. Sie erscheinen ihnen daher als wenig verlässlich und berechenbar – zumal sie häufig zwischen den Rollen Erzieher und Freund wechseln.

Der geheime Auftrag der Kinder

Die labile familiäre Grundordnung stellt heute die eigentliche Verunsicherung und Herausforderung der Kindheit dar. Viele Kinder erleben es als ihren geheimen Auftrag, das labile Familiensystem zu stabilisieren. Unbewusst fühlen sie sich dafür verantwortlich, dass die Familie zusammenhält. Sie entwickeln daher ein sensibles Frühwarnsystem, sobald Krach droht. Dann beschwichtigen sie den Vater oder die Mutter, sie vermitteln und wirken beruhigend auf ihre Eltern ein. Zuweilen avancieren sie sogar zu Alltagstherapeuten: Sie trösten die traurige Mutter oder bestärken den enttäuschten Vater. Manchmal werden sie zum Problemkind, um die Eltern durch die eigenen Auffälligkeiten wieder zum Schulterschluss zu zwingen. Zank mit den Geschwistern, Essstörungen oder auch Probleme in der Schule können so unbewusste Strategien sein, die Eltern wieder zusammenzubringen und sie zu veranlassen, wieder gemeinsam klar Stellung zu beziehen.

Da sich die Kinder unbewusst dafür verantwortlich fühlen, das familiäre System zu stabilisieren, übernehmen sie schon sehr früh eine erwachsene oder gar elterliche Position ein. Diese Verantwortung überfordert sie jedoch und bindet viele ihre Energien. Wenn die eigene Familie nicht als sicherer und tragender Grund erfahren wird, erleben Kinder nur selten das Gefühl völliger Unbeschwertheit und verlässlicher Geborgenheit. Aller materiellen Ausstattung und toleranten Spielräume zum Trotz gelingt es ihnen oft nicht, ein Ur- oder Grundvertrauen in die Welt aufzubauen. Sie bleiben latent misstrauisch, nie dürfen sie sich ganz fallen lassen, sondern müssen immer wachsam sein und jederzeit bereit, das eigene System zu sichern. Denn die elterliche Liebe und die Einheit kann jederzeit wieder verraten und aufgelöst werden.

Oft wird der heutigen Jugend vorgeworfen, dass sie unpolitisch sei und sich zu wenig mit den globalen Fragen der Politik beschäftige. Aber die Kinder haben schon früh ihr Augen- und Ohrenmerk nach innen gerichtet. Sie sind hellhörig für alle Spannungen im familiären Gefüge, und sie üben sich schon in jungen Jahren in der Kunst der familiären Kleindiplomatie. Die großen Explosionen, Zerwürfnisse und Einbrüche fürchten sie aufgrund ihrer Patchworkerfahrungen daher nicht in der Welt da draußen, sondern in ihrer eigenen kleinen Welt, die sie aufrechtzuerhalten suchen.

In früheren Zeiten war oft die Pubertät die Zeit der Revolte. Die Jugendlichen stellten radikal die Lebensweise und zum Teil die Wertausrichtung ihrer Eltern in Frage und konturierten durch entschiedene Abgrenzung eine eigene Lebenshaltung. Heute erscheinen viele Jugendliche jedoch eher brav und angepasst. Sie bewahren trotz aller Selbständigkeit das Einvernehmen mit ihren Eltern. Mitunter bremsen sie ihr Aufbegehren unbewusst ab und scheuen eine offen ausgelebte Pubertätsrevolte. Denn sie befürchten, als rebellisches Kind das labile Familiensystem noch zusätzlich zu erschüttern, das sie ja eigentlich stabilisieren wollen. Die Wut der Kinder und Jugendlichen gegen eine brüchige Welt, deren Bindung immer wieder vom Verrat bedroht wird, kann daher meist nicht offen artikuliert werden. Der Ausbruch der Pubertierenden findet daher oft nur sporadisch statt. Dann aber in der überkompensierten Form eines begrenzten Exzesses, bei dem man sich einmal von allen Verpflichtungen zu befreien sucht.

Angesichts der verspürten Labilität und mangelnden Verlässlichkeit entwickeln die Kinder ein Bindungsverhalten, das letztlich auch einer Patchworklogik folgt. Sie versuchen, mit möglichst vielen Menschen, mit ihren Freunden, Klassenkameraden oder Bekannten, gut auszukommen. Aber sie lassen sich auch auf niemanden ganz und gar ein – weder auf die Eltern noch auf den Freundeskreis. Sie errichten meist im Teenageralter ein Absicherungsnetzwerk auf mehreren Ebenen, das als soziales Backup fungiert. Soziale Netzwerke werden genutzt, um gleichzeitig mit Eltern, Freunden oder Bekannten verbunden zu sein. So sitzen sie abends in der Familie, haben aber zugleich ihre Klassenkameraden über WhatsApp virtuell dabei.

Der Ausfall eines Bindungssystems kann so direkt wieder aufgefangen werden – mitunter wird er sogar gar nicht bemerkt. Zum Härtetest wird daher immer wieder der Urlaub mit den Eltern. Auf der einen Seite freuen sich die Kinder auf die Zeit harmonischer Verbundenheit, auf der anderen Seite ist die Vorstellung fast unerträglich, im Urlaub vielleicht kein Netz und somit keine Verbindung mit den Freunden zu haben. Ohne diese Absicherung befürchten sie den sozialen Absturz.

Absturzängste und der Wunsch nach einem elterlichen Rahmen

Die früh erfahrene Brüchigkeit der familiären Welt führt dazu, dass Kinder und Jugendliche trotz der meist sehr guten materiellen Grundausstattung ständig Absturzängste haben. Der unvermittelte finanzielle oder soziale Absturz ist das dominante Schreckgespenst im heutigen Auenland. Neben der Sorge, dass sich die Eltern trennen, beschreiben sie im Tiefeninterview immer wieder die Angst, plötzlich zu verarmen, obdachlos zu werden und »unter der Brücke zu landen«. Ständig fürchten sie aber auch, dass ihre eigenen Absicherungsnetzwerke reißen und dass sie aus ihrem sozialen Kontext fallen: »Was ist, wenn ich den Anschluss bei meinen Freunden verliere?« »Vielleicht finden die mich ja auf einmal total doof.« »Das erlebe ich immer wieder, dass plötzlich jemand gehasst wird und keiner will mehr mit dem zu tun haben.«

Die Jugendlichen betreiben daher viel Aufwand, um in ihrem sozialen Umfeld nicht anzuecken oder herauszufallen. Vor allem die persönliche Inszenierung soll »sozialverträglich« sein. So wird zum Beispiel beim Kleidungskauf jedes Kleidungsstück zuerst einmal fotografiert und an Freunde geschickt, um deren Meinung mit in die Entscheidung einzubeziehen. Die Sehnsucht nach einer verlässlichen Welt ohne Absturzgefahr, die eine kindliche Unbeschwertheit und totale Aufgehobenheit verspricht, manifestiert sich auch in den Träumen vieler Kinder, Superstars oder Topmodels zu werden, die von allen bewundert und versorgt werden. Die Bewunderung von Castingshowteilnehmern oder Youtubern zeigt, wie sehr sie danach streben, gesehen und geliebt zu werden, um sich solchermaßen abgesichert auch fallen lassen zu können.

Allerdings gibt es in der Vorstellung vieler Kinder zwischen glanzvollem Aufstieg und bodenlosem Absturz kaum Zwischenstufen. Der Wunschtraum, sich persönlich zu exponieren, ist immer mit dem Albtraum verbunden, sich aufs Peinlichste zu blamieren, auf ganzer Linie zu versagen und dadurch alle Freunde zu verlieren. In ihrer brüchigen Welt existiert daher nur ein schmaler Grat zwischen persönlichem Triumph und persönlichem Versagen.

Insgeheim erwarten die Kinder von ihren Eltern, dass sie für Stabilität sorgen. Letztlich klingt in dem Wunsch nach festen Regeln oder einem verlässlichen Rahmen immer wieder die Hoffnung durch, dass die Eltern die Elternrolle annehmen und die Kinder Kind sein lassen. Eltern sollten daher den Mut haben, eine Hausordnung und eine Familienethik festzulegen. Die Kinder hoffen, dass Mütter und Väter bereit sind, einen eigenen Standpunkt zu beziehen, der sie auch angreifbar macht.

Das ist allerdings heute viel anspruchsvoller als früher, weil jede Familie für ihre Lebenssituation passende Regeln entwickeln kann und muss. Standardisierte Rollenmuster, die unhinterfragt übernommen werden müssen, haben sich aufgelöst. Autorität nach Schema F passt auch nicht mehr zu einer emanzipierten Gesellschaft. Das stellt jede Familie vor die Aufgabe, eine eigene Familienkultur zu entwickeln. Das geht nicht ohne Auseinandersetzung und Konflikte. Aus Sicht der Kinder ist es sogar entlastend, wenn die Eltern diese Konflikte nicht überdecken, sondern zu ihnen stehen und sie zu lösen versuchen. Wenn die Eltern Regeln verbindlich festlegen, müssen sie natürlich damit klarkommen, dass die eigenen Kinder sie auch mal blöd finden.

Das gehört jedoch zu einer Elternrolle dazu und steht nicht im Widerspruch zu einer liebevollen Eltern-Kind-Beziehung. Für die Kinder ist es überfordernd, wenn sie auch als Gefährte, Partnerersatz, als Familientherapeut oder als Erfüllungsgehilfe elterlicher Entwicklungswünsche fungieren müssen. Kinder haben ein Recht auf Rebellion und damit auf Eltern, die klare Spielregeln vorgeben und die ihre Kinder bei der Entwicklung fürsorglich, aber auch kritisch begleiten.

Wunschträume und Erwartungsdruck der Generation Patchwork

Die Kinder von heute wachsen in einer Patchworkwelt auf. Sie ist nicht nur wegen der zunehmenden Anzahl zusammengewürfelter Familien vielgestaltig, bunt und mitunter beliebig. Zu Beginn dieses Kapitels haben wir die Patchworklogik im Hinblick auf ihre Brüchigkeit betrachtet und festgestellt, dass Kinder schon früh die Sorge entwickeln, dass auch ihre familiäre Einheit auseinanderbricht. Aber mit Blick vor allem auf Teenager und Jugendliche wird deutlich, dass mit der Patchworkwelt auch eine berauschende Seite verbunden ist. Sie stellt ungeheuer viele Optionen und Möglichkeiten bereit. Die Kinder und Jugendlichen wachsen heute in einer Bereitstellungskultur auf, in der offenbar alles bereits vorgegeben ist und zugleich alles möglich ist. Aus dem »zu wenig« oder »zu eng« vergangener Zeiten ist heute ein »zu viel« geworden. Allein der Blick auf die Unterhaltungsangebote zeigt eine exponentielle Entwicklung. Es gibt inzwischen Hunderte Fernsehsender mit einem 24-Stunden-Programm, Streamingplattformen wie Netflix oder Amazon Prime erlauben den Zugriff auf Tausende von Spielfilmen oder Serien. Auf Youtube gibt es unzählige Kanäle für Jugendliche, auf denen sie sich rund um die Uhr von Gleichaltrigen durch den Alltag führen lassen können. Das Smartphone ist, wie wir bereits im vierten Kapitel gesehen haben, die Allzweckwaffe im täglichen Kreuzzug gegen die Langeweile. Mit einem magischen Fingerwisch kann man Wissenslücken schließen, Spiele starten, Kontakte aktivieren und mit Hunderten von Freunden gleichzeitig im Austausch bleiben.

In dieser berauschenden Welt des »Alles ist möglich« sprießen die Wunschträume der jungen Menschen. Angefeuert von den Erfolgsgeschichten der sozialen Medien oder den Superstarstorys des Fernsehens, überfluten diese Tagträume mitunter sogar ihre Gedankenwelt. »Schneller Reichtum ohne große Anstrengung«, ein »Traumjob mit möglichst wenig Arbeit«. Schon in jungen Jahren als Youtuber bekannt werden oder eine »tolle Karriere mit dem eigenen Start-up-Unternehmen« hinlegen. Ein »luxuriöses Leben wie die Geißens« führen, mit schönen Häusern überall in der Welt, Motoryachten und schnittigen Sportwagen. Der frühe Ruhestand, der verspricht, das Leben richtig genießen zu können. Die »Traumhochzeit auf Hawaii«. Selbst in den eher idealistischen Phantasien klingt ein rauschhaftes Übermaß an: »eine bessere Welt bauen«, »den Planeten schützen« oder »einfach mal kurz die Welt retten«.

Die Kehrseite dieser berauschenden Welt des »Alles ist möglich« ist ein ungeheurer Erwartungsdruck, der auf den Heranwachsenden lastet: Alles, was ihnen an Chancen und Optionen bereitgestellt wird, müssen sie auch irgendwie aufgreifen. Langeweile, Einsamkeit, Erfolglosigkeit sind in der Bereitstellungskultur mit ihren digitalen Start-up-Ansprüchen tabuisiert. Die Jugendlichen spüren ständig diesen Druck der Vollkommenheit, den Druck einer lupenreinen Karriere. Fast unendlich ist der Katalog an Anforderungen, denen sie sich stellen und die sie erfüllen müssen: Fremdsprachen, Praktika, Auslandserfahrungen, Höflichkeit und Professionalität in allen Lebenslagen. Gleichzeitig spüren sie den Anspruch ihrer Eltern, die von ihren Kindern schon früh Höchstleistungen erwarten und für die ein Hauptschulabschluss einer persönlichen Bankrotterklärung gleichkommt. Ständig lauert die Gefahr, jemanden zu enttäuschen: entweder sich selbst oder die Eltern, Lehrer, Freunde oder Partner, die doch so viel Hoffnung in einen setzen.

Das bedrückende Zuviel an Erwartungen und Anforderungen belastet die jungen Menschen spürbar. Im Gespräch mit den Psychologen strahlen sie eine unglückliche Unruhe aus: Sie wirken angespannt, sprunghaft und orientierungslos. Leichtigkeit und Unbeschwertheit kommen eher selten auf. Und es wirkt dann fast tragikomisch, wenn ein Jugendlicher im Interview angesichts der ganzen Erwartungen, die ihn umbranden, bekennt: »Ich freue mich total darauf, wenn ich endlich Rentner bin.«

Der Druck, die vielen Anforderungen dennoch möglichst perfekt zu erfüllen, manifestiert sich im Alltag in Zuständen hektischer Getriebenheit. Dabei folgen sie meist nicht ihren eigenen Interessen oder Neigungen, sondern agieren zweckgerichtet und auf den späteren Erfolg ausgerichtet. Sie hetzen in Richtung Turboabitur und versuchen, den schulischen Erfordernissen gerecht zu werden. Gleichzeitig pflegen sie ihre Freundschaften, haben viele Hobbys und gehen regelmäßig ins Fitnessstudio. Oft ist der Alltag minutiös durchgetaktet.

Erstaunlich ist dabei, was Kinder und Jugendliche bereits in jungen Jahren zu leisten vermögen. Sie können sich oft sehr erwachsen, souverän und selbstbewusst präsentieren. Sie spielen virtuos auf der Klaviatur der sozialen Anschlussfähigkeit und schaffen ein harmonisches Einvernehmen mit unterschiedlichsten Menschen. Sie sind multitaskingfähig und jonglieren souverän zwischen unterschiedlichsten Aufgabenbereichen. Eigenständig organisieren sie mit dem Smartphone ihren Alltag. In den Familien sind sie die unbestrittenen und gern gefragten Beherrscher der digitalen Technik. Und sie erfüllen all die Beziehungs- und Kommunikationsansprüche, die ständig von den sozialen Medien ausgehen.

Zweifel und Entscheidungsnöte

Trotz dieser ganzen Fähigkeiten und Leistungen erzeugt der Druck der Vollkommenheit immer wieder eine latente Könnens-Unsicherheit. Der Zweifel am eigenen Leistungsvermögen ist ein Lebensbegleiter junger Menschen: Was kann ich wirklich? Und was ist nur Fassade und gute Inszenierung von mir? Ständig schwingt die Angst mit, entlarvt zu werden und abzustürzen. Diese Angst wird durch eine Ganz-oder-gar-nicht-Logik befeuert: Entweder komme ich groß raus oder ich versage auf ganzer Linie. Die Könnens-Unsicherheit und die damit verbundene Angst, sozial nicht mehr gefragt zu sein, wird durch eine manische Selbstvergewisserung in den sozialen Netzwerken zu beruhigen gesucht. Permanent senden die jungen Leute Lebenszeichen aus und hoffen auf ein rasches und vielstimmiges Feedback nach dem Motto: »Ich poste, also bin ich!« Mitunter entwickeln sie dabei eine regelrechte Sucht nach möglichst vielen Likes oder Snapchat-Flammen, die zum Maßstab der eigenen Potenz und Beliebtheit werden.

Diese ständigen Zweifel und Versagensängste werden aber meist von jungen Leuten nicht offen eingestanden, sondern durch eine demonstrative Gelassenheit überspielt. Sie kultivieren das Bild einer coolen und entspannten Zeit. Die älteren Jugendlichen demonstrieren durch »Party machen« am Wochenende gesteigerte Lebensfreude. Dabei sind persönliche Performancekünste gefordert. Es ist wichtig, Vitalität, Ausdauer und gute Laune zu zeigen. Der Energy-Drink wird dann zum unverzichtbaren Partygetränk, weil er verspricht, bis zum frühen Morgen tanzen zu können und bei der House- oder Electro-Party in einem Zustand dauerhafter Euphorie sein zu können.

Aber dieses Hochgefühl weicht dann oft der schon beschriebenen gedrückten und angespannten Stimmung – vor allem, wenn man in Tiefeninterviews mit den Jugendlichen über ihre Zukunftspläne spricht. Es fällt den jungen Menschen heute ungemein schwer, ein konkretes Ziel zu entwickeln. Sie fragen sich: Wofür? Und wo sollte ich anfangen? Eigentlich ist doch schon alles da! Mitunter beneiden sie dann ihre Großeltern oder Eltern, die noch etwas aufbauen, sich aus materiellen Einschränkungen und geistiger Enge befreien konnten. Sie selbst hingegen haben das Gefühl, in einer Komfortzone zu leben, in der es einzig dafür zu sorgen gilt, dass alles bleibt, wie es ist, oder es grandios zu toppen. Manche Jugendlichen entwickeln dann im Gespräch mit den Psychologen unvermittelt Kriegsängste: »Die Welt spielt ja sowieso verrückt, und bald wird hier alles plattgemacht.« »Irgendwann eskaliert doch alles, und der Trump oder der Putin drücken auf den Knopf. Dann fliegt uns hier alles um die Ohren.« In diesen Untergangsszenarien klingt bei den jungen Leuten einerseits eine Wut an auf eine Welt, die einem so viel eröffnet, aber auch so viel abverlangt. Und in dieser Wut schwingt andererseits eine Erleichterung mit – die unbewusste Sehnsucht: wieder unbeschwert neu und von vorn anfangen zu können, wenn erst einmal alles verloren gegangen ist.

In einer Patchworkwelt der Allmöglichkeiten stellt sich beglückende Unbeschwertheit nur schwerlich ein. Jede konkrete Entscheidung, jede gezielte Weiterentwicklung erleben junge Leute als persönliche Beschränkung und Bürde – als schmerzliche Beschneidung der vielfältigen Optionen. Sie können sich daher oft nicht entscheiden und versuchen möglichst lange, sich alle Möglichkeiten offenzuhalten. Lieber bleiben sie in der Deckung, als sich durch Festlegungen zu begrenzen und sich dabei auch noch dem Risiko des Scheiterns auszusetzen: »Das ist klasse, dass wir so viele Möglichkeiten haben, aber ich habe keine Idee, welche davon die richtige für mich ist«, beschreibt ein Abiturient. Ein anderer Jugendlicher berichtet von einem Traum, den er immer wieder hat: Er steht auf einem langen Gang mit vielen Türen, hinter die man nicht sehen kann. Er weiß nicht, welche Tür er öffnen soll, wie er sich entscheiden soll. Hinter jeder Tür wartet im Traum ein schwarzer Abgrund, ein beängstigendes Nichts.

Chillen – die Sehnsucht nach zweckfreien Räumen

Diese zugespitzten und mitunter als existenziell erlebten Entscheidungsnöte sind ein Hinweis darauf, dass in einer Patchworkwelt mit ihrem Turboabitur und ihren Turboerwartungen der kindliche Frei- und Erprobungsraum des zweckfreien Suchens, des Testens, Erkundens und Reisens verloren gegangen ist. Dem Effizienz- und Perfektionsdiktat wird der moussierende Übergangszustand geopfert, in dem Entscheidungen langsam reifen können, in dem Zeit und Muße da ist, den eigenen Entwicklungswünschen, dem Unperfekten und Eigenen nachzugehen – und sei es auch noch so eigentümlich. Mitunter ist der Druck der eigenen und fremden Erwartungen so stark, dass sich junge Menschen noch nicht einmal die Zeit geben, sich unglücklich zu verlieben oder dem Ruf der eigenen Berufung nachzuspüren.

Gleichwohl ist die Sehnsucht nach solchen zweckfreien Räumen bei vielen Jugendlichen ungebrochen. Sie manifestiert sich manchmal in scheinbar nebensächlichen Bemerkungen der Jugendlichen wie »Der schönste Moment des Tages ist, wenn ich abends geduscht ins

Bett falle und nichts mehr tun muss«. Die Sehnsucht nach zweckfreien Räumen erfüllt sich vor allem in den Parallelwelten des Internets, in die sich die jungen Leute immer wieder wie in eine selbst gewählte Klausur zurückziehen und in die die Erwachsenen keinen rechten Zugang finden. So spielen Kinder und Teenager mitunter stundenlang am Handy oder Computer Minecraft, ein Open-World-Spiel, in dem die Spieler – neben anderen Spieloptionen – zumeist aus würfelförmigen Blöcken Konstruktionen in einer 3-D-Welt bauen. Die Spieler beschreiben, dass sie sich ganz befreit fühlen von jedwedem Anforderungs-, Perfektions- oder Konkurrenzdruck. Losgelöst vom Zweckdiktat, eröffnet sich ein rein ästhetisches Tun, bei dem sie sich ganz in Ruhe ihrem Bauwerk widmen können.

Der Rückzug in diese Parallelwelten gleicht einer stillen Revolte gegen die Diktate der Gegenwart, und sie zeigt sich auch im Chillen der Heranwachsenden. Jeder, der heute mit Pubertierenden zu tun hat, kennt dieses Phänomen unentwegter Reglosigkeit. »Chill-dren« könnte man diese Jugendlichen ihres steten Ruhebedürfnisses wegen nennen.

Das Chillen eröffnet einen unbeschwerten Übergangszustand, der in dreifacher Hinsicht erlösend ist. Mit ihrer demonstrativen Trägheit rebellieren die Heranwachsenden gegen den eigenen und den fremden Erwartungsdruck. Sie schaffen eine Auszeit, in der nichts nötig erscheint und in der das Alltagsleben für einen unendlichen Augenblick stillzustehen scheint. Gleichzeitig mummeln sie sich – versehen mit Handy oder iPad – in einer Kuschelecke medialer Rundumversorgung ein. Wie von einer unsichtbaren Dornenhecke umgeben, die alle Ansprüche an sie abwehrt, geraten sie in einen wohligen und schlafähnlichen Zustand völliger Geborgenheit. Dabei sind sie aber nur vordergründig reglos. Denn im Gefühl umhegter Aufgehobenheit sprießen die schönsten Blütenträume, und die jungen Leute spinnen aus, was alles Tolles aus ihnen werden könnte – wenn sie sich dann doch irgendwann einmal aufraffen und für einen Weg entscheiden sollten.

Nach Phasen des Austräumens, was ihnen in Zukunft alles Tolles gelingen könnte, schauen sich die Teenager oft stundenlang Fail-Videos an. Das sind Filmchen, die oft nur wenige Sekunden dauern, in denen einfache oder große Unternehmen ebenso unvermittelt wie kläglich scheitern. Die Betrachter werden Zeuge von Stürzen, missglückten Auftritten, Zusammenbrüchen, Missgeschicken und Unfällen, von Pleiten, Pech und Pannen. Diese amüsant-befreienden Videoschnipsel »zum Totlachen« lassen sich als Schicksalspornos charakterisieren, weil sie ohne dramaturgisches Vorspiel und ohne einbettenden Kontext plastisch Sollbruchstellen menschlichen Tuns in den Blick rücken. Indem die Tagträume glorreichen Gelingens sorgsam vom Potpourri des Scheiterns getrennt werden, halten die jungen Leute die Hoffnung aufrecht, dass sich vielleicht auch das eigene Leben in Phasen reinen Gelingens und klaren Versagens aufspalten ließe. Und sie fördern den Glauben, die Gefahr des Scheiterns bannen zu können.

Dornröschenschlaf – die Auszeit vor dem Erwachen

Die Lebenswirklichkeit junger Menschen weist erstaunliche Parallelen zum Märchenbild von Dornröschen auf. Bezieht man die psychologische Sinnbildlichkeit dieses Märchens auf die heutige Jugend, so werden ihre zentralen Probleme und Klemmen deutlich, aber auch mögliche Lösungswege. Im Märchen erwartet ein Königspaar ein lang ersehntes Kind. Zur Feier der Geburt der schönen Tochter werden die Feen des Landes eingeladen, aber da es im Haushalt nur zwölf goldenen Teller gibt, soll die dreizehnte Fee zu Hause bleiben. Die Feen beschenken das Kind mit ihren Wundergaben: »die eine mit Tugend, die andere mit Schönheit, die dritte mit Reichtum und so mit allem, was auf der Welt zu wünschen ist.«

Die guten Wünsche der Feen haben sehr viel Ähnlichkeit mit den Wunschträumen der Jugend in unserer Bereitstellungskultur, in der alles möglich erscheint. Aber mit den guten Wünschen sind auch ungeheure

Anforderungen und Erwartungen verbunden. Erwartungen, die einen übergroßen Druck aufbauen und die die Entwicklung überfrachten und lähmen können. Alles oder nichts, ganz oder gar nicht lautet das Diktum der heutigen Zeit: entweder Superstar oder Loser, entweder Triumph oder Vernichtung. Das Märchen greift den tödlichen Geist übersteigerter Erwartungen in Gestalt der dreizehnten Fee auf. Die dreizehnte Fee ist sozusagen die Rache der wenig einladenden Überperfektion, die keinen Spielraum erlaubt, auch einen nicht goldenen Teller aufzutischen. Sie verwünscht das neugeborene Kind: »Die Königstochter soll sich in ihrem fünfzehnten Lebensjahr an einer Spindel stechen und tot hinfallen.«

Die zwölfte Fee, die ihren Wunsch noch nicht ausgesprochen hatte, kann den Fluch der dreizehnten Fee zwar nicht aufheben, sie kann ihn aber in einen hundertjährigen Schlaf abmildern. Mit dem Fluch der dreizehnten Fee, in der Blüte der Jugend bereits scheitern zu können, kehrt die Angst in das Schloss ein. Die Eltern überbehüten das Kind und treffen alle Vorkehrungen, damit sich die Prophezeiung nicht erfüllt. Alle Spindeln im Königreich sollten verbrannt werden. Und damit wird dem Kind natürlich auch die Möglichkeit versagt, einfach mal zu spinnen – im doppelten Sinne des Wortes.

Das Märchen zeigt allerdings auch, wie man sich den Vorbestimmungen, der Überbehütung und dem Erwartungs- und Perfektionsdruck entziehen und einen Freiraum eröffnen kann. An seinem fünfzehnten Geburtstag ist das Mädchen ganz allein im Schloss. Es streunt umher, »besah Stuben und Kammern, wie es Lust hatte, und kam endlich auch an einen alten Turm«. Das Herumexperimentieren, das neugierige Probieren und Riskieren hat jedoch seinen Preis. Im Turm trifft das Mädchen auf die Fee mit ihrer Spindel – und »kaum hatte sie aber die Spindel angerührt, so ging der Zauberspruch in Erfüllung und sie stach sich damit in den Finger« und fiel in einen tiefen Schlaf.

In vielen Märchenanalysen wird der Spindelstich mit der einsetzenden Geschlechtsreife der Königstochter verbunden. Diese Deutung erscheint mir jedoch zu körperorientiert. Der Stich oder die Stichprobe sind eher ein Sinnbild dafür, dass junge Menschen herausfinden müssen, was für sie bedeutsam oder stichhaltig ist. Welchem Ruf der Wirklichkeit folge ich? Was gibt mir einen Sinn? Worauf setze ich, was packt mich, und was packe ich konkret an? Mit diesen Fragen sind aber sogleich die Entscheidungsnöte verbunden, die wir bereits betrachtet haben. Jede Entscheidung bedeutet Beschneidung des Möglichkeitstotals. Sie weckt die Angst, anderes zu verpassen, und sie provoziert das Risiko zu scheitern.

Der hundertjährige Schlaf ist nun ähnlich wie das Chillen nicht nur ein Fluch, sondern ein Versuch, diese beschneidende Festlegung und das damit verbundene Risiko erst einmal zu stoppen. Der Schlaf verschafft eine

Auszeit, in der nichts passiert, aber auch nichts verloren geht: »ein ewiger Augenblick, aber ohne Weiterentwicklung; zugleich (...) Enthobensein und Stillstand«[23]: Diesen Ewigkeitsmoment breitet auch das Märchen episch aus: »Da schliefen auch die Pferde im Stall, die Hunde im Hof, die Tauben auf dem Dache, die Fliegen an der Wand, ja, das Feuer, das auf dem Herde flackerte, ward still und schlief ein, und der Braten hörte auf zu brutzeln, und der Koch, der den Küchenjungen, weil er etwas versehen hatte, in den Haaren ziehen wollte, ließ ihn los und schlief.«

Im Schlaf lässt sich die Wirklichkeit nach allen Richtungen konsequenzlos austräumen. Die Dornenhecke, die das Schloss umgibt, ist dabei eine Art Schutzschild, der das Gefühl der Geborgenheit absichert, indem er alle Entwicklungen und Zugriffe der Welt da draußen erst einmal abwehrt.

Die Helden des Alltags

Das Märchen dramatisiert den Schlaf als eine Erlösung von einer Entwicklung, die von zu vielen guten Wünschen und einem immensen Erwartungsdruck überfrachtet ist. Im weiteren Verlauf zeigt das Märchen aber auch auf, wie dieser abgeschottete Zustand des traumhaften Stillstandes überwunden werden kann. Hier repräsentieren die vielen Königssöhne die Bereitschaft, sich aufzumachen, das schier Undurchdringliche der abschottenden Hecke zu durchdringen. Sie sind bereit, ihr Leben zu riskieren für eine Vision von einem Schloss und einer wunderschönen Königstochter hinter den Dornen. Auch wenn bereits hundert Versuche kläglich gescheitert sind, muss man nicht aufgeben. Wer weiter strebend sich bemüht, kann darauf vertrauen, dass irgendwann der rechte Moment kommen wird, in dem sich der Zugang zu einer ersehnten Welt öffnet.

Neugier, Wagemut, Probieren und Riskieren, der Wille, es immer wieder zu versuchen, auch, wenn andere oder man selbst bereits gescheitert sind, lösen den Stillstand auf und sorgen dafür, dass die Zeit des Erwachens heranbricht und die Entwicklung weitergeht. Das Märchen zeigt aber auch: Die Berührung mit dem Fremden und Unbekannten muss nicht – wie beim Stich der Spindel – zwangsläufig todbringend sein. Der Kuss des Fremden schafft vielmehr eine befreiende Verlebendigung und setzt den Alltag wieder in Gang: »Wie er es mit dem Kuss berührt hatte, schlug Dornröschen die Augen auf und blickte ihn ganz freundlich an. (…) das Feuer in der Küche erhob sich, flackerte und kochte das Essen, der Braten fing wieder an zu brutzeln: und der Koch gab dem Jungen eine Ohrfeige, dass er schrie.«

Einen verlebendigenden Zugang zum Alltag und zum eigenen Tätigwerden findet die chillende und träumende

Jugend vor allem bei den Bloggern und Youtubern[24]. Sie sind die modernen Helden, die zu den jungen Leuten durchdringen und die sie im übertragenen Sinne wachküssen. Sie begleiten die Teenager in ihrem Alltag, sie inspirieren, geben ihnen Orientierung, oder sie leiten sie konkret an. Erfolge feiern die Youtuber meist mit banalen Alltagsverrichtungen, die sie den Teenagern in ihren Tutorials nahebringen: Schminken, Shoppen, Kuchen backen, Flirten, Fahrrad flicken, Hausarbeiten schreiben, Sprachen lernen. Sie zeigen als Meister bestimmter Spiele live ihre Künste, oder sie ermöglichen, in das Leben der anderen hineinzuschauen oder es zu typisieren. So werden in sketchartigen Filmen zum Beispiel zehn Typen von Eltern vorgestellt oder zehn Typen von betrunkenen Mädchen.

Durch diesen Alltagsbezug sind sie Steigbügelhalter in die analoge Wirklichkeit. Die junge Generation erzieht, unterrichtet und orientiert sich praktisch selbst.[25] Die Eltern und Lehrer sind dabei weitgehend ausgeschlossen, denn sie haben keinen Zugang zu diesen Systemen oder sind schlicht überfordert. Die Youtuber helfen als dynamische Mentoren auf Augenhöhe den Teenagern dabei, die Kluft zwischen tagtraumartigen Größenphantasien und lähmenden Absturzängsten abzufedern.

Sie wirken auf die Jugend wie große Schwestern oder Brüder, menschlich nahbar, ansprechbar und verletzlich. »Sie verurteilen auch niemanden, sondern nehmen jeden in die Community auf.« Sie offenbaren ihre Schwächen und zeigen auch Scham, wenn etwas nicht gelingt. Da sie selber eben nicht vollkommen sind, befreien sie die Jugend vom Perfektionszwang. Sie haben den Mut, in aller Öffentlichkeit zu zeigen, wie sie wirklich sind, und ihnen ist es anscheinend egal, was andere über sie denken. Da sie sich nicht wie viele andere Jugendliche durch die Angst vor dem Gesichtsverlust lähmen lassen, schaffen sie eine Karriere aus sich selbst heraus. Einfache Botschaften wie »Be yourself« kommen bei den Jugendlichen daher gut an.

Youtuber fungieren als Mut machende Entwicklungshelfer, gerade weil sie nicht die strahlenden Siegertypen sind, sondern Menschen, die allen Schwierigkeiten zum Trotz etwas ausprobieren und Schritt für Schritt etwas schaffen: »Blogger haben eigentlich kein krasses Talent. Die bloggen ja nur. Das kann ja jeder. Die sind einfach, wie sie sind, und trotzdem sind sie was Besonderes. Die sind erfolgreich geworden, weil die Leute sie so mögen, wie sie sind.«

Die Jugendlichen sorgen aber auch dafür, dass die Blogger und Youtuber nicht zu alles überstrahlenden und allmächtigen Helden werden. Denn sie schaffen sich eine ganze Armada, ein Patchwork von fragmentierten und temporären Helden, die jeweils für bestimmte Alltagsbereiche relevant und kompetent sind. Diese Helden haben dann auch nur eine geringe Halbwertszeit.

Je nach der aktuellen Bedürfnislage und den besonderen Entwicklungsfragen der Jugendlichen verlieren die einen an Bedeutung, und wiederum andere gewinnen an Relevanz. Als temporäre und fragmentierte Lebensbegleiter haben sie jedoch eine Macht, von der Schulen und konventionelle Medien nur träumen können.

Erlösendes Mittelmaß – weniger ist mehr

Viele Jugendliche sind insgeheim froh, wenn ihnen nicht nur die Blogger und Youtuber, sondern auch die Erwachsenen Strukturierungshilfen beim Schritt vom Chillen in die tätige Alltäglichkeit geben. Bereitwillig nehmen sie feste Rituale und Termine an – ganz gleich ob es der Sportverein ist, ein Fitnessstudio oder ein Sprachkurs. Mit mürrischer Dankbarkeit übernehmen sie Aufgaben im Haushalt. Temporäre Handybeschränkungen erleben sie stillschweigend als Entlastung. In einer Welt des lähmenden Zuviels entwickeln sie regelrecht eine Sehnsucht nach einfachen und klaren Regeln. Freiwillig folgen sie akribischen Ernährungsplänen, die vorschreiben, wann und wie viel gegessen wird, oder dezidierten Trainingsvorgaben mit kontinuierlichen Wiederholungen.

Im Praktikum oder später im Job verlangen sie klare Ansagen und genau abgesteckte Aufgabenbereiche, die sie allein oder im Team erledigen können. Selbst im Umgang mit Alkohol, Zigaretten oder Drogen legen sich viele Jugendliche geflissentlich selbst Regeln auf, wo und wann man wie viel und wie lange konsumieren darf. Bei jungen Männern bekommt häufig die Freundin die Rolle der Regelsetzerin und Bestimmerin. Die Domestizierung des Freundes findet dann vor allem im Elternhaus der Freundin statt.

Bewahre ich mir möglichst lange die berauschenden Möglichkeiten der Patchworkwelt, oder befreie mich vom lähmenden Druck der zu großen Erwartungen und fremden Anforderungen? Diese Frage treibt die Jugendlichen oft über Jahre um. In den Tiefeninterviews zu dieser Lebensfrage entwickeln junge Menschen nach einiger Zeit mitunter eine beinahe trotzige Sehnsucht, sich im Mittelmaß zu bescheiden. Vielleicht muss es ja gar nicht die tolle Karriere sein oder das Millionengehalt, der Reichtum oder ein Leben als umschwärmter Star. Vielleicht werde ich ja auch glücklich als Beamter, als Handwerker oder als einfacher Angestellter. Man spürt dann förmlich die Erleichterung, die die Heranwachsenden bei diesen Gedanken durchströmt.

In einer brüchigen Patchworkwelt, in der auf nichts mehr wirklich Verlass ist, sehnen sich die Jugendlichen nach einem Maß, nach Halt und Stabilität. Berechenbarkeit, Treue, Ordnung und Beständigkeit werden wieder zu akzeptierten, mitunter sogar gesuchten Werten, genauso wie der Bausparvertrag oder die Rentenzusatzversicherung. Nach mitunter jahrelangen polyamourösen Phasen beziehungsloser Tindereien erwacht mit Mitte zwanzig dann auf einmal die Sehnsucht nach einer heilen Familie und dem kleinen Häuschen. Wenn jedoch der Partner oder die Partnerin, mit der sich die Jugendlichen vorstellen können, eine gemeinsame Familie zu gründen, noch nicht in Sicht ist, pflegen sie ihre Bindung zu ihrer Kernfamilie, die ihnen dann noch weiter als Heimathafen und Rückzugsort dient. Und wenn sie schon in jungen Jahren in ihren Kernfamilien spüren, dass sie auch geliebt werden, wenn sie sich wirklich später im Mittelmaß bescheiden, erleben sie das als Erlösung.

Die Zeit des Erwachens

8

Das »böse« Erwachen

Zivilisationsverlust und Rückkehr der Besessenheit

Anfang einer neuen Zeit

Die Unruhe und Aufgewühltheit der Menschen sind Symptome einer Zeitenwende. Die Gewissheiten der alten Welt haben sich weitgehend aufgelöst, aber die Konturen einer neuen Welt sind noch nicht erkennbar. Zum Teil wollen wir sie auch gar nicht erkennen. Denn der Blick in die Zukunft einer digitalen und globalen Welt, die sich in nie gekannter Geschwindigkeit verwandeln wird, weckt eher Verlustängste als Zugewinnverheißungen. Trotz aller Mängel und Ungerechtigkeiten ist Deutschland im internationalen Vergleich immer noch eines der letzten Wohlstandsparadiese. Gerade weil die Menschen es heute noch als Auenland erleben, wird die Zukunft als potenzielles Grauenland gesehen. Viele Menschen würden die Illusion vom ewigen Auenland und einer permanenten Gegenwart am liebsten weiterspinnen, aber die Erschütterungen im Alltag, die weltweiten Krisensignale, die zunehmende Unzufriedenheit und Wut in der Bevölkerung sind alarmierende Weckrufe.

Deutschland befindet sich in einer Zeit des Erwachens, die sich nicht nur in dem Ende der Ära Merkel manifestiert. Es ist ein enervierender Zustand des Umbruchs und einer grundsätzlichen Weichenstellung. Aber wohin wird er führen? Werden wir ein böses, zerstörerisches oder ein schöpferisches Erwachen erleben? Gelingt es, unser Gemeinwesen so zu restaurieren, dass zivilisatorische Errungenschaften wie Freiheit, Sicherheit, Gerechtigkeit, universelle Menschenrechte, Weltoffenheit und Toleranz eine neue Blüte erfahren? Oder steuern wir auf einen neuen Fundamentalismus zu, der überwunden geglaubte Formen des Nationalismus und der kollektiven Besessenheit in neuen Ausprägungen wiederauferstehen lässt? Bevor ich im letzten Kapitel für die Prinzipien sensibilisiere, die ein schöpferisches Erwachen wahrscheinlich machen können, werde ich in diesem Kapitel die Kräfte beleuchten, die derzeit das böse Erwachen forcieren.

Besorgniserregende Entwicklungen – Psychogramm der inneren Verfassung

Trotz der äußerlich recht stabilen Wirtschaftsdaten gibt es besorgniserregende Entwicklungen in der inneren Verfasstheit der Gesellschaft, die ich hier stark zugespitzt zusammenfasse.

Der Wohlstand des Landes erzeugt eine Saturiertheit, die die Entwicklung von verheißungsvollen Zukunftsentwürfen erschwert und das Festhalten an rigiden Versorgungsansprüchen begünstigt. Die beharrende Besitzstandswahrung verhindert Zukunftsoptimismus und bringt die politischen Akteure in eine schwer aufzulösende Lage. Im Zuge eines unausgesprochenen gesellschaftlichen Stillhalteabkommens wird an sie die gesamte Verantwortung für die Gestaltung des Gemeinwesens delegiert. Die Politiker sollen umfassende Versorgungs- und Konstanzversprechen machen. Liefern sie, ernten sie wohlwollendes Desinteresse, liefern sie nicht, so werden sie beschimpft und bei der nächsten Wahl abgestraft.

Zur Verrohung des Klimas trägt auch eine zunehmende Spaltung und Zerrissenheit der Gesellschaft bei, die wesentlich durch das Gefühl mangelnder Wertschätzung bedingt ist. Viele Menschen erleben Deutschland als eine Zweiklassengesellschaft, die durch soziale Ungerechtigkeit geprägt ist und vor allem bei den Themen Wohnen, Bildung, Altersarmut und Pflege keine wertschätzende Perspektive bietet. Neben der materiellen vermissen viele Menschen auch die ideelle Wertschätzung. Sie erleben eine gesellschaftliche Elite, die das Solidarprinzip aufgekündigt hat und sich durch ihren höherwertigeren oder nachhaltigeren Lebensstil moralisch überlegen und politisch im Recht fühlt. Die Flüchtlingskrise als Blitzableiter vieler Krisen verstärkt bei vielen diesen Eindruck und schürt eine neue Geschwisterrivalität. Verratsargwohn kommt auf – dass die lange Zeit sehr geschätzte Mutter Merkel jetzt die fremden todesmutigen Kinder mehr liebt als die eigenen saturierten Landeskinder.

Das Gefühl der Entzweiung und Entfremdung im eigenen Land verstärkt sich noch, weil sich im Zuge einer entfesselten Beliebigkeit die gemeinschaftsbildenden Glaubensgewissheiten, die ideellen Überzeugungen und die richtungsweisenden politischen Programmatiken aufgelöst haben – sowohl bei vielen Wählern als auch bei den Parteien, die oft stärker der Demoskopie folgen als einer konsistenten Haltung. Ohne inneren und äußeren Kompass blicken die Menschen orientierungslos in eine ungewisse Zukunft. Der situative Eigennutz wird zur Richtschnur ihres Handelns. Die unvermittelte Selbstbezüglichkeit verstärkt aber die Parzellierung der Gesellschaft in Interessenssegmente. Die vereinfachende Kraft der Lüge verspricht zudem jedem Segment, wieder ein anschauliches und klares Weltbild zu zimmern, das Orientierung bietet und Entscheidungen möglich macht.

Eine zunehmende Realitätsausblendung und die Abkopplung in separate Echoräume oder in eigene Netzwerke sollen dabei das Gefühl vermitteln, von Gleichgesinnten umgeben zu sein, die die eigene Weltsicht bestätigen. Die verschiedenen Echoräume nehmen sich zwar noch gegenseitig wahr, aber sie geraten nicht mehr ins Gespräch oder in einen Austausch. So wachsen nicht nur im Internet Sprachlosigkeit und unüberbrückbare Feindbilder. Durch die ständige Abwertung der anderen Lager und der Andersdenkenden wächst das Gefühl der mangelnden Wertschätzung und verstärken sich die gesellschaftlichen Spaltungstendenzen.

Die Verheißungen von digitaler Allmacht, Allwissenheit und umfassender Daseinskontrolle, die über das Smartphone bereits jedem Kind zugänglich werden, fluten heute das in den vergangenen Jahrzehnten entstandene Orientierungsvakuum. Die Ansprüche an das Leben im digitalen AppSolutismus werden uneinlösbar. Jeder will sich als Herrscher fühlen, der sich einfach im Handstreich oder per Fingerwisch jeden Wunsch erfüllen kann. Dadurch verschiebt sich unser bisheriger Erwartungshorizont; der Alltagsmaßstab wird verrückt – im doppelten Sinne des Wortes. Denn die Glückserfüllung auf Knopfdruck und das Wegwischen aller Störmomente werden unbewusst als verbriefter Standard wahrgenommen. Die Übersteigerung des Menschenmöglichen wird so zum Normalmaß. Dadurch schwindet die Akzeptanz oder besser gesagt die Demut im Hinblick auf ein analoges Alltagsleben, das immer noch mühsam, kleinschrittig, widersprüchlich und zutiefst störanfällig ist.

Die Aufgewühltheit der Menschen, ihre zunehmende Erregbarkeit sind Ausdruck dieses Höhenschwindels vermeintlicher Gottähnlichkeit. Immer wieder kippen die Menschen aus der vermeintlichen digitalen Allmacht in die reale analoge Ohnmacht. Und dieses Kippen aus der gestiegenen Fallhöhe erzeugt zunehmend Wut, die nicht nur in den sozialen Medien affektiv abgeführt wird.

Und es erzeugt Unmut im Alltag. Dieser wird zum tagtäglichen Schlachtfeld der Unduldsamkeit, der Rollendiffusion, der multiplen Perfektionsansprüche und des Machbarkeitswahns. Besinnungslose Betriebsamkeit bis an die Grenze der Selbstversklavung führen meist in die Erschöpfung, nicht in die Erfüllung. Das Gefühl, sich im Alltag zu verausgaben und den eigenen Erwartungen doch nie gerecht werden zu können, fördert wiederum die Tendenzen zur Realitätsausblendung und zur Flucht in die Uneingeschränktheit unserer Tagträume oder in die Kohärenz von Echoräumen.

Bisher waren diese nur ein bequemer Fluchtpunkt in einer Welt, die viele als etabliert, ungerecht und unverwandelbar erlebten. Jetzt steigt jedoch der Druck in den Echokammern. Endlich wieder heraustreten, wirksam werden und gesehen werden, handeln können, die eigene Bedeutung erfahren und sich selbst oder sein Land wieder groß machen. Der Überdruck in der Filterblase kann zu ihrem Platzen führen und eine rauschhafte Dynamik entfesseln, die sich an der eigenen Wirkung begeistert und die bisherigen zivilisatorischen Standards einreißt. Die Sehnsucht nach einer Führungsgestalt wächst, die diese Dynamik bündelt und ausrichtet.

Die Wiederkehr des Totemismus

Zwei Monate vor seinem Tod im Dezember 2016 prophezeite Wilhelm Salber den Sieg Trumps bei den Präsidentschaftswahlen.[26] Der Begründer der morphologischen Psychologie und wissenschaftliche Supervisor des rheingold-Instituts begründete seine Prognose damit, dass die westliche Gesellschaft dabei sei, sich in die Phase des Totemismus zurückzuentwickeln. Amerika sei wie so oft der Vorreiter oder Wegbereiter dieses Trends. Gestalten wie Donald Trump faszinierten, weil sie nicht mehr dem Typus des modernen Politikers entsprächen, sondern die Eigenschaften und Funktionen der früheren Totemtiere repräsentierten.

Der Totemismus begründet sich in der Verehrung eines Totemtieres. Der Glaube an dessen übernatürliche Kraft wurde in der Frühzeit für einen Stamm oder einen Clan zum gemeinschaftsstiftenden Band. Alle Angehörigen einer Gruppe fühlten sich miteinander verbunden und sogar miteinander verwandt: Sie einte eine innige Beziehung zum Totem, die in dem Glauben an eine gemeinsame Abstammung mit ihm begründet ist. Die Gruppe trug daher den Namen des Totems und entwickelte bestimmte Rituale der Verehrung. Und sie errichtete bestimmte Tabus: Das Totem durfte weder getötet, gegessen noch berührt werden, innerhalb der

Totemgruppe sollte auch nicht geheiratet werden. Das Totemtier repräsentierte aber auch bestimmte Wunscheigenschaften oder besondere Stärken, die allen in der Gruppe zuteilwerden sollen und die das Verhalten der Gruppe bestimmen und ausrichten.

Die Spuren und Anleihen an das animistische Denken der Vorzeit und an die Totemtiere finden wir immer noch in unserem Alltag – vor allem in den frühen Stadien der kindlichen Entwicklung. In den Kindergärten gehören die Kleinen der Gruppe der Löwen, der Adler oder der Elefanten an. Auch in den deutschen Fußball- und Eishockeyligen haben sich diese Tiervereine bis in die heutige Zeit erhalten. Da kämpfen dann die Fohlen aus Mönchengladbach gegen die Geißböcke aus Köln, oder die Pinguine aus Krefeld messen sich mit den Adlern aus Mannheim. Während der Spiele werden die Fans dann zu Stammeskriegern, die im Zeichen ihrer Wappentiere die Vorherrschaft erringen wollen.

Jede Gruppe reklamiert aus der Tierlogik für sich besondere Eigenschaften und damit die potenzielle Überlegenheit gegenüber den anderen: Die Fohlen sind wild und ungestüm und galoppieren allen davon. Die Adler schwingen sich in die Lüfte auf, sie haben den Überblick und können mit ihren Adleraugen alles erkennen. Die Löwen hingegen sind stark und schnell. Sie beeindrucken mit ihrer Mähne und können mit ihrem Gebrüll alle einschüchtern. Die Elefanten sind die größten Tiere.

Sie können mit ihren riesigen Ohren alles hören, mit ihrem Rüssel laut trompeten und mit ihren Stoßzähnen alle Hindernisse aus dem Weg räumen.

Der Elefant ist das Wappentier der Republikaner in den USA. Das Parteisymbol geht auf eine Karikatur des deutschstämmigen Zeichners Thomas Nast (1840–1902) zurück, der ein glühender Gegner der Sklaverei war. Auch wenn selbst von Republikanern mitunter die stilistische oder inhaltliche Distanz zu Trump betont wird, scheint er auf der symbolischen Ebene eines Totemtieres seine Partei heute besonders gut zu repräsentieren. Die Elefantensymbolik klingt bereits in seinem Namen an, denn die Trompete heißt im Englischen Trumpet. Elefantenkarikaturen zu Trump findet man im Internet zuhauf, selbst einen Song über Donald Trump als Elefanten. Und auch in einem Motivwagen des Mainzer Karnevals wurde Donald Trump 2017 als solcher dargestellt – allerdings nicht von seiner machtvollen Seite, sondern von seiner tollpatschig-zerstörerischen Seite als Elefant im Porzellanladen.

In seinem Buch »Seelenrevolution« beschreibt Wilhelm Salber die unterschiedlichen psychologischen Funktionen, die das Totemtier seit der Frühzeit erfüllt. Es schafft, wie wir bereits gesehen haben, eine Einheit, einen Gruppenzusammenhalt durch eine kollektive Verbundenheit und eine gemeinsame Perspektive. Das Totemtier repräsentiert und durchformt eine Wirkungseinheit, die mehr ist als die Summe ihrer Mitglieder. Und diese gemeinsame Wirkungseinheit verspricht eine magische Kraftentfaltung durch den Glauben, dass die Eigenschaften und Kräfte des Tieres auf die Gruppe übergehen.

Diese Allmachtsmagie und die sie begründende Wucht der Totemtiere klingt noch in dem Werbeklassiker an, die dem Autofahrer den Tiger im Tank versprechen und dadurch im Verkehr auf die Überholspur zu geraten. Und auch im gesellschaftlichen Verkehr mit Autoritäten, Vorgesetzten oder Entscheidungsträgern klingen Restfermente des Totemismus noch an – etwa in der Rede von den »hohen Tieren«, die besonderen Respekt oder auch besondere Vorsicht verdienen.

Die Funktionen des Totemtiers

Das Totemtier diente laut Wilhelm Salber den Menschen zudem der »Angstabwehr«, denn das, was sich in ihrer Wirklichkeit ereignete und was mitunter schwer zu fassen oder unerklärlich war, wurde dem Wirken oder den Regungen des Totemtiers zugeschrieben. Die Menschen folgten ihrem Totemtier und »erfanden damit einen Macher oder Chef, der die Antriebe, Widerstände, Störungen der gelebten Wirklichkeit erklären sollte«.[27]

Durch ihre Gefolgschaft und durch die Verehrung wollten die Menschen erwirken, dass sich die Welt in ihrem Sinne verwandelt. Mit ihm im Bunde sollte es gelingen, »die freundlichen Kräfte zu stärken und die feindlichen zu schwächen. (…) Im Zeichen des Totemtieres ließ sich siegen oder sterben, empfingen die Menschen Lohn oder Strafe (…)« Als Zeichen der Verehrung und der gemeinsamen magischen Einwirkungskraft wurden ihnen »Tempel gebaut, Statuen geschnitzt, Säulen errichtet, Wände bemalt«. Getätigt wurden »vor allem auch gemeinsame Kraftanstrengungen: Mauer- und Weganlagen, Labyrinthe, Kanalsysteme« – auch sie bringen die Macht des Totemtiers zum Ausdruck.

Das Totemtier brachte zudem als »Erklärer und Sprüchemacher« eine einfache und vor allem anschauliche Ordnung, ein festes Strickmuster in die Wirrnisse des Lebens, »denn am Bild eines Totemtieres ließ sich fassen, warum man dies oder jenes tun, dies oder jenes fürchten, dies oder jenes lassen musste. Eidechsen tun das nicht – das haben die Käfer getan, die bösen; die Eidechse wird den strafen, der unfolgsam ist. Was die Eidechse verboten hat, ist tabu.« Dadurch wird es aber auch erforderlich, den mit dem Strickmuster verbundenen Maßen und Vorgaben zu folgen, bestimmte Feste zu feiern, Fastenzeiten einzuhalten, Rituale zu beherzigen. Das Totemtier durchformt so durch seine Regieanweisungen den gesamten Alltag der Menschen – vom Essen über das Trinken bis zum Jagen.

Eine Wiederkehr oder auch nur ein partielles Aufleben des Totemismus bedeutet in Deutschland ebenso wie in den USA eine Abkehr von Vernunft, von Gerechtigkeitsstandards und von formallogischem Denken, von Werten also, die bislang unsere Vorstellungen der Demokratie geprägt haben. Mit dem Totemismus gelangen wir in eine seelische Verfassung jenseits der Aufklärung, die durch eine animistische Logik bestimmt wird. Statt von kommunikativer Rationalität und Dialektik werden die Diskurse (wenn man sie überhaupt noch so nennen kann) von symbolischen Repräsentanzen, von tagtraumartigen Logiken und Übersteigerungen bestimmt. Ein magisches Denken breitet sich aus, dass man durch Opferhandlungen und Gefolgschaft die Welt im gewünschten Sinne beeinflussen könnte.

Influencer – moderne Totemtiere und ihre gläubigen Anhänger

Groß ist zuweilen auch hierzulande die Sehnsucht nach einem Macher und Erklärer, der beinahe wie ein Halbgott verehrt wird und vorchristlich anmutende Formen naiver Gläubigkeit und blinder Gefolgschaft auslöst. Diesem Phänomen begegnete ich, während ich dieses Kapitel schrieb, in einer Studie über die Wirkung und Funktion der sogenannten Influencer.[28] Influencer sind

Personen, denen sehr viel Macht und Einfluss auf ihren Sozialkreis beziehungsweise auf ihre »Follower« zugeschrieben wird. Mittlerweile sind große Firmen von der Macht und der Beeinflussungskraft der Influencer so überzeugt, dass sie bereit sind, auf die herkömmlichen Formen der Werbung zu verzichten. Das sogenannte Influencermarketing geht davon aus, dass die Überzeugungsstärke und die hohe Glaubwürdigkeit in der besonderen Nähe zu den Followern begründet ist. Die authentische Leidenschaft, mit der Influencer ihren Hobbys, Interessen oder ihrer Mission nachgehen, weckt den Wunsch, sich mit ihnen zu verbinden und Teil ihrer Gemeinde zu werden.

Die zweistündigen psychologischen Tiefeninterviews zum Influencerwesen offenbaren anarchische Verhältnisse. Es gibt im Internet einen ungeheuren Wildwuchs an Gefolgen. Jeder Follower, der sich im Netz auf die Suche nach einer Gemeinde macht, findet auch eine Gemeinde. Die Influencer scharen als moderne Totemtiere Anhänger um sich, die eine Nähe oder seelische Verwandtschaft zu ihnen verspüren. So entstehen Tausende von Glaubenskreisen und Personenkulten, in denen Influencer zu Heil bringenden Vorbildern für die eigene Entwicklung werden.

Influencer verbreiten dabei zum Teil seltsame, wirre oder esoterische Theorien, die oft weder einer kritischen Realitätsprüfung standhalten noch einer sozialen Kontrolle unterzogen werden und mitunter seltsame Blüten treiben. Ein junger Mann berichtet beispielsweise im Interview, dass er beim Reparieren seiner Motorradkette einen Finger verloren hatte. Er war dem Rat eines Influencers gefolgt, die Motorradkette bei laufendem Motor zu reparieren. In einem anderen Beispiel kippt ein Follower ratschlagsgetreu zwei Tafeln Schokolade in das zuvor von ihm stundenlang eingeköchelte Chili con Carne und verwandelte das Gericht so in einen ungenießbaren fleischigen Schokoladenpudding.

Nicht jeder Follower schließt sich seinem Vorbild in blinder Gefolgschaft an. Im vorigen Kapitel habe ich bereits beschrieben, dass viele Youtuber und Blogger gerade für Jugendliche Steigbügelhalter sein können. Sie geben meist durch Tutorials in vielen Alltagsbereichen Orientierung und Anleitung. Dabei kommunizieren sie auf Augenhöhe in der Logik eines älteren Bruders oder einer älteren Schwester. Neben diesen pragmatischen und alltagsrelevanten Verbindungen breiten sich jedoch Gefolge aus, die vor allem die Tagtraumlogik der Follower als auch der Influencer befeuern. Die Influencer übersteigern das eigene Sein der Follower und fungieren als eine Art Halbgott für ihre Gemeinde. Halb ist er noch »einer von uns«, aber halb ist er auch schon das gefeierte Idol oder der Heilsbringer für das eigene Leben. Der Influencer wird so zu einem tagtraumartigen Mittler zwischen dem profanen eigenen Alltag und den eigenen himmlischen Wünschen nach Größe, Macht und Anerkennung. Und in dieser Form der Gefolgschaft finden sich dann nicht nur Jugendliche, sondern auch Frauen und Männer meist unter dreißig Jahren, die selbst noch nicht in einem vollen oder erfüllenden Lebensumsatz stehen.

Ihre naivgläubige Verehrung zeigt manchmal regelrecht Züge von Besessenheit. Stunden verbringen sie im Internet, um ja kein Posting, keine Lebensäußerung ihres Idols zu verpassen. Das Folgen wird mitunter zum Verfolgen, wenn die Influencer dann auch in der analogen Welt aufgesucht werden, wenn sie täglich Liebesbriefe erhalten oder wenn die Orte aufgesucht werden, in denen sie sich bevorzugt aufhalten. Im Tiefeninterview räumte eine junge Frau ein, dass die Influencer natürlich auch ihr eigenes Leben führen sollen und nicht nur im Dauerkontakt mit ihrer Gemeinde stehen müssen: »Vier Stunden kann der ruhig mal nicht posten und allein sein Ding machen.« Im Umkehrschluss wird jedoch erwartet, dass der Influencer spätestens nach dieser Zeitspanne die virtuelle Verbindung wieder knüpft.

Bei den besessenen Followern verschwimmen dabei die Grenzen zwischen dem eigenen Leben und dem Leben des anderen. Sie werden Teil einer Wirkungseinheit, die sie selbst erhebt, die sie selbst aber auch mittragen. Tief ist die Überzeugung, dass der Influencer nur durch die eigene Gnade und den eigenen Zuspruch groß werden konnte: »Ich könnte das ja auch sein«. Jederzeit sonnt sich der Follower im Gefühl, dem Influencer auch wieder seine Zuwendung entziehen zu können. »Eigentlich habe ich den ja gemacht, und ich könnte ihn jederzeit wieder vernichten.«

Solange sie ihm jedoch treu folgen, entwickeln sie eine beinahe unersättliche Gefräßigkeit. Alles aus dem Leben des anderen gewinnt seinen Sinn, seinen Wert und seine persönliche Bedeutung. Die Kleidung, die das Idol trägt, wird auch gekauft. Kosmetikprodukte, die das Idol verwendet, werden auch bestellt. Speisen, die der Influencer verzehrt, verleiben sie sich auch ein. So entsteht eine Art Sekundärkannibalismus, der das eigene Leben mit den Lebensmitteln des anderen füttert.

Mich haben die Beschreibungen aus der neuen Welt der Follower und Influencer an vorchristliche Zustände erinnert, wie sie in dem Filmklassiker »Das Leben des Brian« der britischen Komikertruppe Monty Python aus dem Jahre 1979 karikiert werden. Hier die sehnsüchtige Menge, die händeringend den Erlöser sucht, und da der andere, der mehr oder minder zufällig zum Messias erkoren wird, weil er einen weisen Satz gesprochen hat, einen Kürbis als vermeintliches Zeichen der Erleuchtung in die Höhe gestreckt hat oder einfach einen Schuh verloren hat. Und der verlorene Schuh wird dann für die Follower das neue Symbol der Glaubensgemeinschaft, die fortan nur noch einen Schuh trägt und den anderen in den Himmel reckt. In meiner Lieblingsszene versucht Brian, der den ganzen Personenkult nicht versteht und seiner überdrüssig ist, seine Gemeinde davon zu überzeugen, dass sie ihn gar nicht braucht. Aus seinem geöffneten Fenster blickt er auf seine Anhänger und spricht: »Ihr braucht mir nicht zu folgen. Ihr seid doch alle Individuen.« Und die Jünger antworten sogleich im Chor: »Ja, wir sind alle Individuen.« Lediglich ein kleiner alter Mann entgegnet trotzig: »Ich nicht.«

Das Überdrussproblem des Brian beklagen auch die Influencer. Nach einer ersten rauschhaften Phase der Selbst- beziehungsweise der Gemeindeausbreitung spüren sie irgendwann, dass sie buchstäblich von ihrer Mission aufgefressen werden. Sie werden zu Getriebenen, die sich immer stärker in den Dienst stellen und sich selbst ausbeuten und unter akuter Burn-out-Gefahr leiden: »So kann es nicht weitergehen«, erkennen sie und versuchen ihr Leben zu kultivieren und zu professionalisieren. Sie gehen zu ihren Followern auf Distanz und bauen eine geschäftsmäßige und berechenbare Beziehung zu ihnen auf, indem sie sich beispielsweise offiziell in den Dienst einer Firma oder Organisation stellen.

Die Rückkehr der Gesellschaft in eine frühere Stufe der Zivilisation, die allen Menschen wieder die Ordnung fundamentaler Bilder und Glaubensgewissheiten verheißt, hat der französische Autor Michel Houellebecq in seinem Roman »Unterwerfung« antizipiert. Houellebecq beschreibt, wie sich Frankreich im Laufe von sieben Jahren zu einem islamischen Staat wandelt. Die Rolle des Totemtiers hat dabei der charismatische Politiker Mohamed Ben Abbes. Ihm gelingt es, immer mehr Wähler oder besser gesagt Follower um sich zu scharen.

Dabei macht er sich die Angst vieler Franzosen vor dem Durchbruch einer anderen fundamentalen und rechtsradikalen Gesinnung zunutze. Sowohl die Sozialisten als auch die Konservativen gehen ein Bündnis mit Ben Abbes ein, weil sie den Aufstieg von Marine Le Pen und ihrer Partei verhindern wollen. Die bittere Ironie von Houellebecqs Roman ist, dass die Angst vor einem neuen Rechtsnationalismus zur Unterwerfung unter das strenge Strickmuster des Islams führt. Aber in dieser gläubigen Hingabe steckt auch eine Faszination. Die Änderung der laizistischen Verfassung, die Einführung der Theokratie, der Scharia und des Patriarchats und der Polygamie versprechen eine neue und einfache, autoritäre und religionsbezogene Lebensordnung, die die

Franzosen mit seltsamer Bereitwilligkeit hinnehmen: Durch die Abschaffung der weiblichen Erwerbsarbeit wird den Frauen wieder eine Rolle als Familienversorgerin zugewiesen. Die Subventionen für Kinder und Familie werden massiv aufgestockt. Die Arbeitslosigkeit der Männer wird beendet, und sie dürfen wieder der Vielweiberei nachgehen.

Was Houellebecq beschreibt, weist auch Bezüge zur deutschen Wirklichkeit auf. Auch hierzulande verbreiten die fundamentalistischen Gesinnungen des Islamismus, aber auch der Neonazis eine Angstfaszination. Sie verheißen eine grandiose Vereinfachung des Lebens, eine ungeheure Stoßkraft, die die Welt verändern und den Einzelnen von all seinen Widersprüchen erlösen kann.

Die meisten Menschen sind allerdings weit davon entfernt, dieser Faszination zu erliegen. Sie definieren sich allerdings über die vermutete Bedrohung. Dies führt in Deutschland zu zwei entgegengesetzten Verortungen der Fundamentalismusgefahr: Islamismus und Neonationalsozialismus sind derzeit die Kernbegriffe unvereinbarer Wahrnehmungsmuster.

Für die Pegidabewegung, einen Großteil der AfD-Anhänger und auch für viele besorgte Menschen aus dem bürgerlichen Lager wird der Islamismus zum Sinnbild für alles Fremde und Undeutsche, das heutzutage den deutschen Zuständen anhaftet. Ausgehend von einem subjektiven Gefühl, schon längst nicht mehr Herr im eigenen Haus zu sein und weder von den Politikern noch von der bürgerlichen Mehrheit in den eigenen Ängsten wahrgenommen zu werden, wird die Bedrohung mitunter pauschal auf alle projiziert, die anders sind: auf Ausländer, Flüchtlinge, radikale Islamisten oder gar auf den gesamten Islam.

Die Verfechter einer liberalen, toleranten und durchlässigen Gesellschaft sehen im aufflammenden Nationalsozialismus die primäre Bedrohung der Freiheit. Sie nehmen zwar auch die Islamismusgefahr wahr, allerdings fällt es ihnen ungleich schwerer, gegen diese Gefahr offen und vehement Stellung zu beziehen. Zu groß ist die Sorge, in den Verdacht einer Fremden- oder Religionsfeindlichkeit zu geraten. Gegen die Neonazigefahr lässt sich viel leichter demonstrieren, denn sie markiert den geschichtlich bereits real gewordenen Sündenfall der Republik. Bei aller gebotenen Wachsamkeit wird derzeit allerdings die Nazigefahr mitunter pauschal auf alle projiziert, die die eigenen Toleranzideale nicht teilen. So wunderbar der liberalen Gesellschaft die Differenzierung zwischen Islam und Islamismus gelingt, so versagt sie derzeit bei der Differenzierung zwischen verängstigten Bürgern und Rechtsradikalen, zwischen Gartenzwerg und Giftzwerg.

Die Verortung der Fundamentalismusgefahr im Neonationalsozialismus oder im Islamismus hat eine gemeinschaftsbildende Kraft, wie wir sie auch im Totemismus beschrieben haben. Allerdings haben wir es hier mit inversen Fällen der Gefolgschaft und der gemeinsamen Identitätsbildung zu tun. Die Anhänger eines Lagers richten ihr primäres Augenmerk auf die Gesinnung und die Macht der jeweils anderen Gruppierung. Sie folgen also primär nicht dem eigenen Totemtier, sondern sie bekämpfen das fremde Totemtier, den Sündenfall der anderen. Insofern ist der Sündenbock das inverse Totemtier, das derzeit immer mehr Menschen in einem gemeinsamen Abwehrkampf bindet, der die Spaltung der Gesellschaft in unvereinbare Gesinnungsstämme vorantreibt.

Die Anfälligkeit für Fundamentalismus und Besessenheit

Der Totemismus birgt laut Wilhelm Salber eine große Extremisierungsgefahr: Er macht anfällig für Diktaturen und bereitet den Boden für fundamentalistische Besessenheiten. Das liegt vor allem daran, dass die Wünsche der Menschen nach Allmacht übertragen werden auf das Totemtier, das heute oft in der Gestalt eines großen Führers auftritt. Diese Allmachtswünsche erscheinen jetzt endlich erfüllbar: Sie müssen nicht mehr länger ihr Dasein in den Schattenreichen der menschlichen Tagträume fristen, sondern sie können real und wirklich werden.

Voraussetzung für ihre grandiose Verwirklichung ist allerdings, dass jeder Follower, Anhänger oder Mitbürger bereit ist, seinen Eigensinn und seine Eigenverantwortung an das Totemtier oder an den Führer abzutreten. Das Totemtier bringt in dieser Logik ein ganzes und oft rigides »Programm von Zumessungen, Abgeltungen, Vergeltungen, von Schuldigkeiten und Wiedergutmachungen mit sich«, das strikt zu befolgen ist. Diktatoren bedienen sich daher oft strenger religiöser oder pseudoreligiöser Vorschriften. Denn wer bereit ist, sich diesen Regeln zu unterwerfen, dem wird die Allmacht auf Erden oder im Himmelreich zuteil. Mechanismen, die sich heute vor allem wieder im Hinblick auf die blind anmutende Gefolgschaft von Trump, Erdoğan oder Putin zeigen.

Das Wiederaufleben des Totemismus schürt aber auch Unbehagen bei all denjenigen, die sich nicht von den Verheißungen eines Totemtiers vereinnahmen und fressen lassen wollen. Schreckensherrschaft, Willkür, Korruption und die Entwertung jedweder Freiheit und Menschenrechte sind die zerstörerischen Kehrseiten, wenn sich der Totemismus mit seinen Allmachtsverheißungen den Weg bahnt für die Wiederkehr der Fundamentalismen und der kollektiven Besessenheit.

Aber ist diese Wiederkehr der kollektiven Besessenheit überhaupt denkbar im Land der Dichter, Denker und Träumer, das seine Lehren aus seinen geschichtlichen Verblendungen und verheerenden Verwerfungen gezogen hat? In meinem Buch »Die erschöpfte Gesellschaft. Warum Deutschland neu träumen muss« habe ich anhand der Spielarten des Traumes die schöpferischen und zerstörerischen Grundpole der deutschen Seele charakterisiert. Deutschland ist ein friedliches und ein schöpferisches Land, solange es ein produktives Wechselspiel von Alltagslogik und Traumlogik in Gang hält. Betriebsamkeit, Fleiß, Vernunft, Disziplin, verlässliche Standards und die Liebe zum Detail begründen auf der einen Seite seine Alltagsmeisterschaft. Auf der anderen Seite hatte Deutschland aber auch immer schon eine Traumbegabung und eröffnete sich zweckfreie Spielräume, in denen man phantasieren, spintisieren, forschen, tüfteln, dichten, werkeln, konstruieren oder umkonstruieren konnte. Die Laube, der Hobbykeller, die Studierstube oder die Garage sind Traumorte der Innerlichkeit.

Die Rhythmik von Innehalten und Betriebsamkeit, von Tag und Traum, ist schöpferisch, weil der Traum die Betriebsblindheit des Tages konterkariert und uns in seinen Bildern Nacht für Nacht vor Augen führt, wie wir anders leben könnten. Das Träumen ist ein lebenswichtiger und seelisch gesunder Korrekturprozess, da es immer wieder neu die ungelösten Reste und Probleme unseres Tages weiterbearbeitet und in seinen Sinnbildern Lösungsansätze oder Ideen für die Tagesgestaltung anbietet. Aber diese traumhaften Lösungsansätze sind nur provisorisch, sie beanspruchen nur eine Gültigkeit für einen Tag. Bereits in der nächsten Nacht werden sie einer Revision unterzogen. Diese Reversibilität des Träumens, die uns immer wieder zum Umdenken und zu neuen Gedankenspielen motiviert, ist zwar höchst kreativ und kunstvoll, aber auch zutiefst anstrengend und provozierend. Nichts bleibt im Traum so, wie es ist, alles wird immer wieder neu hinterfragt und umgewichtet.

Zerstörerisch ist nicht das Träumen an sich, sondern die Flucht in einen absoluten Wunschtraum, der ewige oder zumindest tausendjährige Gültigkeit beansprucht und ein wahnhaft übersteigertes Allmachts- oder Erlösungsversprechen proklamiert. Der absolute Wunschtraum ist der in Stein gemeißelte und radikal umgesetzte Tagtraum. Die Vorstellung von einem tausendjährigen Reich, die Sehnsucht nach einem absolut gerechten Gottesstaat, die Illusion von einem Paradies auf Erden, die Hoffnung, »forever young« zu bleiben, sind Beispiele für verabsolutierte Tagträume.

Die notorische Unruhe, die aufwühlende Rastlosigkeit, die der deutschen Seele innewohnt, wird in guten Zeiten durch das Träumen schöpferisch veredelt. Deutschland ist dann, wie oben beschrieben, das Land der Ideen und Patente, das Land der Ingenieure, Dichter und Querdenker. In Krisenzeiten wächst aber in Deutschland die

Gefahr, die sich steigernde Unruhe und die gärende Unzufriedenheit in einen absoluten Wunschtraum zu kanalisieren, der die Verheißungen des Totemismus nach Allmacht und Angstabwehr noch übersteigert.

Die Zerstörungskräfte des Fundamentalismus und der Besessenheit

Absolute Wunschträume und die damit verbundenen Fundamentalismen bergen gerade in der heutigen Zeit des Umbruchs, der Orientierungslosigkeit und der Sehnsucht nach Übersteigerung ein verführerisches Faszinationspotenzial. Denn kurz- oder mittelfristig können sie ungemein berauschend und dynamisierend sein. Langfristig führen sie jedoch in die Zerstörung. Die fundamentalistische Kultur zerstört erst das Fremde und Feindliche, das nicht ihrem fundamentalistischen Bild oder Zuschnitt entspricht. Am Ende frisst der Fundamentalismus auch seine eigenen Kinder. Vergleichbar ist diese Verkehrung mit einer Immunreaktion, in der sich das körperliche Abwehrsystem erst auf alle fremden Erreger stürzt, sich dann aber gegen den eigenen Organismus wendet und eine selbstvernichtende Autoimmunreaktion startet.

Die psychologische Zwangsläufigkeit der Selbstzerstörung, die jeder Form des Fundamentalismus innewohnt, ist in einem Mechanismus begründet, den Sigmund Freud am Beispiel des streng tugendhaften Menschen beschrieben hat. Wir können dabei den Tugendterror als eine Form des Alltagsfundamentalismus beschreiben. Umgekehrt erzeugt auch jeder Fundamentalismus seinen eigenen Tugendterror – gemäß der vortrefflichen Sittlichkeit, die in seinem Weltbild als allein rechtens und lebenswert erklärt wird.

Sigmund Freud machte in seinem Werk »Das Unbehagen in der Kultur« auf die seltsame Paradoxie aufmerksam, dass, je tugendhafter ein Mensch, desto schlechter sein Gewissen ist. Denn der tugendhafte Mensch verdrängt häufig seine als unkorrekt oder unsittlich erachteten Wünsche – statt sich mit ihnen bewusst auseinanderzusetzen und sie dadurch zu modifizieren, ihnen vielleicht partiell stattzugeben oder ihre Existenz anzuerkennen und dennoch bewusst auf ihre Erfüllung zu verzichten.

Die verdrängten Wünsche verschwinden jedoch durch die Verdrängung nicht. Sie werden lediglich unbewusst gemacht, bleiben aber im Verborgenen ständig wirksam. Bewusst sind sie zwar dann nicht mehr wahrnehmbar, dennoch sind sie höchst lebendig. Sie behalten ihre Energie, sie werden zu einem geheimen Wiedergänger oder Zwang. Sie klopfen ständig an und fordern ihre Befriedigung. Dem tugendhaften Menschen geht es dann wie dem Menschen, der sich entschlossen hat zu fasten. Er denkt während der Fastenzeit nur noch an das verbotene Essen. Im Falle der Verdrängung bleiben diese »bösen« Gedanken jedoch unbewusst. Sie artikulieren sich lediglich in dem unerklärlichen Zuwachs des schlechten Gewissens, das der Fastende verspürt.

Das führt in einen verhängnisvollen, wütenden und destruktiven Kreislauf. Da der Gewissensdruck steigt, obwohl der Mensch doch tugendhaft, brav und sittsam ist, entschließt er sich, noch tugendhafter, noch korrekter, noch pflichtschuldiger zu werden. Aber auch das verschafft ihm keine Entlastung – im Gegenteil: Je tugendhafter er ist, desto druckvoller fordern die verdrängten Wünsche insgeheim ihre Befriedigung und verschärfen so seinen Gewissensdruck. Oft projiziert er jetzt seine schändlichen Gelüste nach außen: Jetzt sieht er in seiner Umgebung nur noch hungrige und sündige Menschen. Durch die Disziplinierung oder gar Bestrafung der Sünder hofft er, Ruhe zu finden, aber seine Essensgelüste sind immer noch da, fordern ihre Befriedigung und erhöhen weiterhin den Gewissensdruck. Die daraus resultierende Destruktionsspirale lässt sich am Tugendterror islamistischer Fundamentalisten wie dem IS veranschaulichen.

Am Anfang sollen religiöse Ruhe-, Kleidungs- oder Speiseregeln geflissentlich befolgt werden. Aber trotz der braven Folgsamkeit der sittsamen Menschen wächst die wütende Strenge, mit der der fundamentalistische Tugendwächter sich selbst und den anderen »Sündern« gegenübertritt. Am Ende sind selbst Musik, ein Tanz, ein Lachen, ein irritierender Blick, ein hängender Mundwinkel ein unverzeihlicher Verstoß gegen die als göttlich erkorene Tugendordnung, der mit dem Tod bestraft werden muss. Das schlechte Gewissen, der Selbsthass des tugendhaften Menschen wachsen in dieser Destruktionsspirale ins Unermessliche. Sie erzeugen eine unbändige Wut gegen sich und diese sündige Welt, die nur noch durch die Vernichtung ihrer selbst und aller anderen gestillt werden kann.

Der fundamentalistische Zuschnitt der Welt, der eine einfache und strenge Ordnung verheißt und so in seinen Anfängen eine rauschhafte Dynamik und Stoßkraft entwickelt, richtet sich am Ende in einer ungeheuren Zwangsläufigkeit gegen sich selbst. Letztendlich schafft er weder Allmacht noch Erlösung, sondern nur die Zerstörung der anderen Menschen – die doch nie diesem Zuschnitt gerecht werden können – und letztendlich auch seiner selbst. Wir kennen diese Destruktionsspirale aus unserer fundamentalistischen Vergangenheit. Am Anfang waren es die Juden, die verfolgt, deportiert und getötet wurden, dann die Sinti und Roma, die Kommunisten, die Sozialisten, die Behinderten, dann die Regimekritiker, später die Abweichler in den eigenen Reihen, die Zweifler in der Führungsriege. Und am

Ende im Führerbunker wurden für das großdeutsche Totemtier selbst die letzten Getreuen im Stab der Generäle zum Geschmeiß des deutschen Volkes, das ebenso wenig wert war zu leben wie in finaler Konsequenz es selbst.

9

Das schöpferische Erwachen

Das menschliche Maß

Der Kampf der Prinzipien

Von einem Psychologen werden oft Ratschläge erwartet. Aber selbst die besten Ratschläge verpuffen häufig – genauso wie moralische Appelle an die Vernunft oder Aufrufe zur Rettung der Freiheit und der Menschlichkeit. Sie werden häufig bewusst oder unbewusst als bevormundend oder besserwisserisch erlebt. Der Mahnende spricht von einer moralisch überlegenen Position, und der Angemahnte gerät sogleich in eine Defensivlogik oder in die Position eines kleinen Kindes, die ihn zu einem offenen oder verdeckten Trotz motiviert. Wieso soll denn gerade ich mein Verhalten ändern? Sollen doch erst einmal die anderen mit gutem Beispiel vorangehen! Was da vorgeschlagen wird, bringt ja letztendlich überhaupt nichts.

Diese Defensiv- oder Abwehrlogik wird durch den Umstand verstärkt, dass das Beharrungsvermögen des Menschen oft ausgeprägter ist als seine Veränderungsbereitschaft – vor allem, wenn es ihm eigentlich noch gut geht und er keinen unmittelbaren Leidensdruck verspürt oder keine tiefgreifenden Krisenerfahrungen durchlitten hat. Der Begriff »Notwendigkeit« verweist darauf, dass die Wendigkeit erst der Not entspringt. Ohne diese verspürte Not, ohne die erlebte Dringlichkeit, bleibt es häufig bei einem fruchtlosen Kreislauf aus Appell, Abwehr und Agonie.

Aber vielleicht sind wir derzeit aufgeschlossener für Veränderungsimpulse als sonst, da wir uns in einer Zeit des Erwachens befinden, in einem moussierenden und aufgewühlten Zustand des Übergangs. Diese labile Verfassung macht uns einerseits anfälliger für Verheißungen und Heilsideen, die kurzfristig berauschend, langfristig aber zerstörerisch sind. Andererseits ist mit dieser Labilität und Aufgewühltheit eine gewisse Empfindsamkeit, Empfänglichkeit und Zugänglichkeit verbunden, die es doch lohnend machen könnte, in diesem Kapitel dafür zu sensibilisieren, was in unserer Zivilisation derzeit auf dem Spiel steht.

Wir erleben zurzeit nicht nur einen Kampf um die Erhaltung zivilisatorischer Errungenschaften wie Frieden, Freiheit, Menschenrechte, Weltoffenheit, Toleranz und Gerechtigkeit, sondern vor allem einen »clash of principles«. Der Erhalt der zivilisatorischen Errungenschaften wird nur gelingen, wenn die Lebensprinzipien verteidigt und beherzigt werden, die ihnen zugrunde liegen. Doch viele dieser zivilisationsbedingenden Lebensprinzipien werden derzeit angegriffen, in Frage gestellt oder pervertiert. Psychologisch betrachtet verläuft die Kampflinie im clash of principles zwischen Prinzipien, die auf der einen Seite erwachsen, maßvoll, reflektiert, reversibel, realitätsbezogen und integrativ sind, und solchen, die auf der anderen Seite infantil, fundamentalistisch, direktiv, absolut und willkürlich sind. Idealiter ist die Kampflinie eine produktive Streit- und Vermittlungszone, denn beide – die infantilen wie die erwachsenen – Prinzipien brauchen einander, sie fordern sich heraus, sie korrigieren und ergänzen sich. Durch ihren Widerstreit eröffnen sie ein ewiges Spannungsfeld menschlicher Entwicklung. Zerstörerisch wird die Entwicklung jedoch, wenn eine fundamentale Vereinseitigung stattfindet, wenn also das produktive Wechselspiel außer Kraft zu setzen versucht wird, weil die infantilen Prinzipien die alleinige Vorherrschaft beanspruchen und die erwachsenen Prinzipien eliminieren wollen.

Vernunftappelle und moralische Imperative laufen in dieser Konstellation noch öfter ins Leere, weil die infantilen Prinzipien eine rauschhafte und tagtraumartige Faszinationskraft haben. Sie verheißen Abkürzung und Absolutheit, Erlösung und Ewigkeit. Ihre Dynamik, ihr Übermaß, ihre paradiesischen Versprechungen können eine korrumpierende Wirkung haben.

Die Gefahr, dass Deutschland wieder in den Bann dieser Faszinationskraft gerät, lässt sich nicht durch Bannung oder Tabuisierung bekämpfen, sondern durch Aufklärung, also durch ein tieferes Verständnis der infantilen

Prinzipien und ihrer Verheißungen. Ich werde daher in den folgenden Abschnitten jeweils kurz die Faszinationskraft darstellen, die mit der alleinigen Vorherrschaft der infantilen Prinzipien verbunden ist. Dagegen stelle ich eine zivilisierte Lebenshaltung, die auch die erwachsenen Prinzipien einbezieht.

Kurzer oder intensiver Prozess? – Die zwölf Geschworenen

Das Ideal der infantilen Prinzipien ist die unmittelbare Erfüllung und Befriedigung, also der möglichst kurze Prozess. Der schnelle Erfolg soll nicht durch Einwände oder Zweifel ausgebremst werden. Was einmal gesetzt wurde, wird umgesetzt, koste es, was es wolle. Ihre energetische Direktive verachtet Abstriche, Kompromisse, Komplexität, Abstimmungsprozesse, Bedenken, Wiedervorlagen oder Revisionen, kurzum all das, was unsere demokratischen Prozesse idealiter ausgewogen und konsensfähig, aber auch langwierig und mitunter ineffizient macht.

Dagegen steht das erwachsene Prinzip des langsamen Verfertigens eines gültigen und rechtmäßigen Standpunktes, der immer wieder neu geprüft, in Frage gestellt und weiterentwickelt wird. Das kostet Zeit und Mühe und fordert die Bereitschaft, den eigenen Standpunkt immer wieder zu verlassen und die Perspektive zu wechseln, um auch das Recht oder zumindest die Existenz eines anderen Standpunktes oder einer anderen Version wahrzunehmen. Die Streitkultur als Eckpfeiler unserer Zivilisation begründet sich in diesem Kreisprozess von Standpunktentwicklung und Perspektivwechsel.

Dieser mühsame, aber produktive Kreisprozess der erwachsenen Urteilsbildung ist meines Erachtens niemals so anschaulich dramatisiert worden wie in dem Gerichtsfilmklassiker »Die zwölf Geschworenen« von Sidney Lumet aus dem Jahre 1957. Dieser Film sollte in den Schulen als Lehrstück für die Grundprinzipien unserer Zivilisation eingesetzt werden. Die zwölf Geschworenen sollen in einem Mordprozess über die Schuld oder Unschuld eines achtzehnjährigen Puerto-Ricaners aus den Slums urteilen. Er wird beschuldigt, seinen Vater ermordet zu haben. Das Urteil, über das sie gemeinsam beraten, muss jedoch einstimmig gefällt werden. Im Falle des Schuldspruchs wird der Angeklagte hingerichtet.

Aufgrund zweier Zeugenaussagen, die den Angeklagten belasten, scheint ein Schuldspruch eine klare und vor allem schnelle Angelegenheit zu werden. Zumal die Beratung am heißesten Tag des Jahres stattfindet und die Geschworenen anscheinend keine Lust auf eine hitzige und zeitraubende Auseinandersetzung haben. Doch überraschenderweise stimmt der Geschworene Nummer acht, ein von Henry Fonda gespielter Architekt, für nicht schuldig. Er avanciert zum achtsamen Bedenkenträger und Konstruktionsprüfer, der den Unmut der anderen Geschworenen auf sich zieht und erst einmal wie ein Verräter behandelt wird.

Als Lehrstück für die westliche Zivilisation weist der Film sinnbildliche Parallelen zum Letzten Abendmahl der zwölf Jünger mit Jesus Christus auf. Der Architekt tritt hier als ein inverser Judas auf. Während Judas durch seinen Verrat die Hinrichtung des Menschensohns ermöglicht, verhindert der Architekt die Hinrichtung eines Sohnes. Und anders als Judas gelingt es ihm, in immer neuen Wendungen und Revisionen nach und nach die anderen Geschworenen auf seine Seite zu ziehen.

Anhand der anderen Geschworenen zeigt der Film auch, durch welche infantilen oder selbstsüchtigen Prinzipien ein erwachsener Prozess mitbestimmt wird. Da ist der Handelsvertreter für Marmelade, der zum schnellen Abschluss kommen will, weil er am Abend auf keinen Fall das wichtige Baseballspiel verpassen will. Da ist der Tankstellenbetreiber, ein cholerischer Rassist, der voreingenommen ist und sich nicht für Fakten interessiert. Und je mehr seine Sicht in Zweifel gezogen wird, desto wütender und ausfallender wird er – bis ihm ein Maulkorb erteilt wird. Da ist der Werbetexter, ein opportunistischer Schoßhund, der Angst vor Auseinandersetzungen hat und je nach herrschender Stimmungslage dreimal sein Votum ändert. Da ist der Mann, der wie der Angeklagte in den Slums groß geworden ist und der mit vielen Vorurteilen zu kämpfen hat, aber auch seine eigene Sicht von ganz unten wegweisend in den Prozess einbringen kann.

Und da ist schließlich der grobschlächtige Kleinunternehmer und gekränkte Vater, der seinen eigenen Sohn mit aller Härte erziehen wollte und der noch an seinem Schulddiktum festhält, als alle anderen den Angeklagten bereits für unschuldig halten. Bis er schließlich zusammenbricht, als er erkennt, dass er eigentlich seinen eigenen verlorenen Sohn strafen und verurteilen will, weil der ihn in einem erbitterten Streit mit dem Messer bedroht hat. Nach einem schier endlosen Ringen, nach unzähligen aufreibenden Perspektivwechseln, nach einem schweißtreibenden Auseinandersetzungsprozess mit erbitterten Streitgesprächen, in denen alle Geschworenen ihren wichtigen Beitrag geleistet haben, stimmt der gekränkte Vater am Ende auch für »nicht schuldig«.

Übermensch oder behindertes Kunstwerk?

Der Film erteilt auch dem heutigen Diktum des Übermenschen eine klare Absage. Die wahnhafte Übersteigerung der eigenen Möglichkeiten, die ich vor allem im Kapitel über den digitalen AppSolutismus beschrieben habe, bildet den prinzipiellen Kern der Besessenheit.

Allmacht, totale Kontrolle, Gottgleichheit, die Vorherrschaft der eigenen Rasse oder Nation werden zu Triebkräften einer fanatischen Mission oder Ideologie, die die Welt radikal verwandeln und erlösen soll.

Die Protagonisten in Lumets Gerichtsdrama sind wohltuend unvollkommen und beschränkt. Sie haben ihre Schwächen, ihre skurrilen Leidenschaften und kleinen Marotten. In meiner Wahlheimatstadt Köln werden solche Menschen als Jeck bezeichnet. »Jeder Jeck ist zwar anders – aber ein bisschen jeck sind wir alle.« Wenn jedoch die liebenswerte Besonderheit jedes Menschen nicht in der Perfektion, nicht im Eben- oder Gleichmaß, sondern in seiner Beschränkung, in seinen Macken, Schrägheiten und Verrücktheiten liegt, dann sehen wir den anderen Jecken nicht als Feind oder Unmenschen, sondern als Leidensgenossen. Und dann ist es auch möglich, wie im Gerichtsdrama, dass die Menschen zusammenarbeiten, dass sie sich produktiv ergänzen, weil jeder seine Eigenheiten in das gemeinsame Werk einbringen kann.

Die Abkehr von Vollkommenheits- und Absolutheitsansprüchen erleichtert nicht nur das Zusammenleben der Menschen, sondern es entlastet auch den eigenen Alltag. In den Kapiteln über die Frauen, die Männer oder die Jugend habe ich beschrieben, wie der Alltag angetrieben von multiplen Perfektionsansprüchen und übersteigerten Erwartungen an uns selbst und an die anderen immer wieder in eine hochtourige Überhitzung gerät. Er produziert zunehmend Unmut, Unzufriedenheit und Schuldgefühle. Auch hier gilt die Formel: Je tugendhafter der Mensch, desto schlechter ist anschließend sein Gewissen. Perfektion ist ein Popanz, der die Menschen zuverlässig in die Erschöpfung treibt.

Für den Umgang mit uns selbst, für die Gestaltung unseres Alltags und für die persönliche Weiterentwicklung ist es aufbauender, wenn wir den Menschen – wie Wilhelm Salber es ausdrückt – als »behindertes Kunstwerk« sehen. Behindert, weil die Menschen heute trotz aller technologischen Fortschritte und Prothesen immer noch schwach, widersprüchlich, schutzbedürftig, irrend, alternd und hinfällig sind. Ein Kunstwerk, weil gerade diese Begrenztheit und Endlichkeit zum Anreiz für seine Schöpferkraft und Weiterentwicklung wird.

Der Kulturphilosoph Egon Friedell wies in seinem epochalen Werk »Die Kulturgeschichte der Neuzeit« darauf hin, dass nicht jeder Achill eine Ferse hat, sondern dass gerade durch die Ferse ein Achill entsteht. Die Menschheitsgeschichte steckt voller Beispiele, dass gerade die persönliche Unzulänglichkeit höchst schöpferische Kompensationsprozesse provoziert. Der geniale griechische Rhetoriker Demosthenes war von Geburt an Stotterer. Die berühmtesten Verführerinnen wie die Pompadour oder Mata Hari waren nicht schön, aber sie besaßen das gewisse Etwas. Beethoven hat seine reifsten und tiefsten Werke geschrieben, als er bereits vollkommen ertaubt war. Nicht aus der Vermeidung unserer Fehler oder Schwächen, sondern aus dem kunstvollen Umgang mit ihnen erwächst die persönliche Meisterschaft. Die Selbstliebe begründet sich in der Bereitschaft, anzuerkennen und anzunehmen, dass man nicht vollkommen ist, sich jedoch bemüht, im Rahmen seiner Möglichkeiten weiter an sich zu arbeiten. Diese Bereitschaft zur Entwicklung und zur Vervollkommnung, die allerdings ihr Ziel nie ganz erreicht, ist Wegbegleiter eines erfüllten Lebens.

Realität beugen oder Wirklichkeit verstehen?

Wie wir mit Behinderungen umgehen, wird eines der großen Themen unserer Zukunft sein. Groß ist die Tendenz, all das auszublenden oder abzuspalten, was nicht den eigenen und mitunter zu absoluten Vorstellungen von Glück oder Normalität genügt. Wenn beispielsweise die Krankenkassen den Bluttest für Schwangere zur Früherkennung genetischer Defekte demnächst übernehmen, wird er zum Vorsorgestandard. Ich vermute, dass es dann Menschen wie meine Tochter Karola, die das Downsyndrom hat, in Zukunft in Deutschland kaum noch geben wird.

Zu den infantilen Prinzipien fundamentalistischer Besessenheit, die heute ihre Dominanz beanspruchen, gehört es, die Wirklichkeit nach eigener Maßgabe zurechtzuschustern – getreu dem Motto »Ich mach mir die Welt, wie sie mir gefällt«. Dieser Eigensinn bietet sicherlich die Chance, eine festgefahrene Welt einmal mit Kinderaugen zu sehen und umzugestalten. In einer extremisierten und fundamentalistischen Ausprägung hat dann jedoch alles, was dem persönlichen Zuschnitt nicht entspricht, kein Existenzrecht mehr. Es darf benachteiligt, abgewertet, verleugnet, ausgegrenzt, weggesperrt oder vernichtet werden. Die rigide Leugnung oder Beugung der Realität und der tatsächlichen Gegebenheiten verheißt zwar den eigenen Vorhaben eine erhöhte Durchschlagskraft, sie ist aber, wie im vorigen Kapitel beschrieben, langfristig zerstörerisch. Denn sie nimmt keine Rücksicht auf die tatsächlichen Gegebenheiten und die körperliche oder seelische Konstitution.

In den Zeiten des Internets und des ständigen Informationstrommelfeuers werden wir tagtäglich mit den ungeheuerlichen Seiten der Wirklichkeit konfrontiert. Mit Naturkatastrophen, menschlichen Tragödien oder terroristisch motivierten Attentaten. Vor allem bei Letzteren wird reflexartig durch rasche Schuldzuweisungen, durch die Definition von Sündenböcken oder durch pauschale Abwertungen versucht, das Ungeheuerliche buchstäblich zu bannen und so wieder Herr der Lage zu werden. Schuld sind dann wieder die Flüchtlinge oder gar die Kanzlerin, die doch zugelassen hat, dass diese Menschen überhaupt ins Land gelangen konnten.

Dieser Verdrängungsmechanismus, sich durch rasche Klärung ein beunruhigendes Ereignis vom Leib zu halten, wird erschwert, wenn der vermeintliche Täter entweder ein scheinbar normaler Mensch ist oder seine Tat die menschliche Vorstellungskraft übersteigt. Der von einem deutschen Piloten absichtlich herbeigeführte Absturz des Germanwings-Flugs 4U 9525, der 150 Menschen in den Tod riss, stürzte die Menschen in dreifacher Hinsicht in eine tiefe Fassungslosigkeit, die nicht so einfach weggedrängt werden konnte.

Erstens lässt uns der Blick auf den Kopiloten, der sein Flugzeug willentlich in ein Felsmassiv gelenkt hat, die explosive Wucht der Seele ahnen. Wir spüren, dass der größte Feind des Menschen manchmal in ihm selbst steckt. Wem können wir noch vertrauen? Und können wir uns selbst trauen? Kennen wir nicht auch den leisen Impuls, auf der Autobahn einmal kurz am Lenker zu zupfen und uns aus dem Leben zu katapultieren?

Aus der Opferperspektive verspüren wir dann zweitens, wie dünn die Schutzschicht unseres Alltags ist. Jeder von uns hätte in diesem Flieger sitzen können. Jeder hätte in diesen Zustand existenzieller Panik geraten können, wenn ihm auf einmal bewusst wird, dass die Maschine unweigerlich ins Verderben fliegt.

Aus der Perspektive der Angehörigen schließlich

müssen wir drittens begreifen, dass wir jederzeit unsere Liebsten, unsere Partner, Kinder oder Freunde verlieren könnten. Wie lässt sich ein solcher Schicksalsschlag überhaupt bewältigen? Die Katastrophe wirft Fragen auf, denen wir nachgehen wollen. Wir ringen um Antworten, um ein Verständnis, damit das Unfassbare doch irgendwie fassbar wird. Dabei brauchen wir Unterstützung durch andere Menschen oder durch die Medien.

Blitzableiter oder Alltagstherapeuten? – Die Rolle der Medien

Die Medien spielen in diesem Verstehensprozess eine hilfreiche Rolle, indem sie die Umstände des Unglücks minuziös schildern, indem sie die Fragen stellen, die wir uns auch stellen, und indem sie Hintergründe offenlegen.

Das Interesse an der medialen Aufarbeitung von Katastrophen ist daher zutiefst menschlich. Es ist ein Ausdruck selbststabilisierenden Verstehens. Vergleichbar mit dem Gaffen nach einem Unfall, das häufig viel zu pauschal mit dem Ausbruch niederer voyeuristischer Instinkte gleichgesetzt wird. Wenn wir etwa auf der Autobahn plötzlich Zeuge eines Verkehrsunfalls werden, ist das Gaffen eine ebenso unwillkürliche wie oft lebenserhaltende Form der Erkenntnis – solange es nicht die

Rettungskräfte behindert oder uns von unserer eigenen Fahrzeugkontrolle ablenkt. Wir behandeln im staunenden Hingucken unsere eigene Ohnmacht angesichts eines solchen Unfalls. Wir versuchen im Augenblick des Vorbeifahrens zu erfassen, was zu diesem Unglück geführt hat, was da verkehrt gelaufen sein könnte. Daraus können wir Rückschlüsse für unser eigenes Verhalten im Verkehr ziehen und versuchen, nicht den gleichen Fehler zu machen wie das Unfallopfer.

Auch bei Naturkatastrophen wie einem Erdbeben oder einer Flutwelle hängen Hinschauen und Helfenwollen zusammen. Durch die Bilder werden wir einer Not gewahr, die sonst abstrakt bleibt, weil sie uns nicht in den Blick kommt, nicht in den Kopf will. Wir entwickeln Empathie und lassen uns berühren von den Schicksalen anderer Menschen. Aus gutem Grund sagen die Hilfswerke, dass Spenden nach Naturkatastrophen erst nennenswert fließen, wenn es Bilder gibt.

Die vertiefte Auseinandersetzung mit dem Widrigen und Ungeheuerlichen unserer Lebenswirklichkeit hat meist wenig mit Sensationsgier zu tun. Sie führt uns vielmehr in einen mitunter schmerzlichen Prozess des Verstehens, in dem wir uns von vermeintlichen Gewissheiten verabschieden oder uns selbst in Frage stellen müssen. Oft müssen wir dann trauernd anerkennen, dass unser Leben nicht perfekt und störungsfrei steuerbar ist.

Das ist ein anstrengender und langwieriger Weg, auf dem manche Medien die Möglichkeit bequemer Abkürzungen vorgaukeln. Sie reißen uns dann durch ein Trommelfeuer von Ablichten und Abrichten aus unserer Ohnmachtserfahrung. Plötzlich gibt es einen, der schuld ist an der Katastrophe von Flug 4U 9525. In einigen Medien mit Bild und Name vorgeführt, wird der Co-Pilot zum Objekt für die rasche Abfuhr unseres Entsetzens. Die Dämonisierung erst des Täters und dann aller Suizidgefährdeten schafft die Fiktion, das Ungeheuerliche dingfest machen und aus unserer Welt verbannen zu können. Alarmismus und mediale Hexenjagd ersetzen dann Analyse und Selbstreflexion.

Das Heranzoomen an das Leid der Angehörigen bringt zwar einen kurzfristigen Betroffenheitskick, unterbindet aber echte Anteilnahme und tiefes Mitgefühl. Beides braucht Zeit und eine gewisse Distanz. Bilder in Nahaufnahme hindern uns oft daran, uns selbst ein Bild zu machen – und das Schicksal der Angehörigen als ein bewegendes Gleichnis für die ständige Bedrohung unseres Glücks zu betrachten.

Den Medien kommt in den aufgewühlten Zeiten daher eine wichtige Funktion zu. Aber auf welche Seite stellen sie sich? Fördern sie das Prinzip der schnellen Klärung und Affektabfuhr, dann liefern sie in erster Linie Abkürzungen, Abwertungen und endlose Schwarzer-Peter-Spiele. Sie mutieren dann zum affektiven Blitzableiter, der uns verheißt, mit Nahaufnahmen, Zerrbildern oder Treibjagden das Ungeheuerliche endgültig aus unserer Welt verbannen zu können.

Fördern sie das Prinzip des Verstehens, dann setzen sie auf sorgfältige Beschreibung, auf genaue Analyse, auf mitunter schmerzliche Perspektivwechsel und das oft mühselige Aufdecken von Hintergründen und Zusammenhängen. Sie setzen dann produktive Prozesse in Gang, die uns helfen, die Ungeheuerlichkeiten unserer Welt anzunehmen, sie zu betrauern oder sie umzugestalten. In diesem Sinne sind sie dann wichtige begleitende Alltagstherapeuten in schwierigen Zeiten des Umbruchs.

Blinde Gefolgschaft oder eigener Standpunkt?

Zu den infantilen Prinzipien zählt der Glaube an einen großen oder gar göttlichen Führer und Versorger, der wie die früheren Totemtiere die Inkarnation der kollektiven Allmachts- und Erlösungswünsche darstellt. Mit ihm fühlen sich alle intuitiv verbunden und seelisch verwandt. Er ist der Big Father, die Big Mother oder zumindest der Big Brother, dem man bedingungslos glaubt und folgt. Das beschriebene Stillhalteabkommen zwischen Wählern und Politik und die damit verbundene Delegation von Verantwortung an das alternativlose Diktum einer versorgenden Übermutter ist eine Variante dieser bequemen Folgsamkeit.

Dieses Stillhalteabkommen wird derzeit aufgekündigt, allerdings mit ungewissem Ausgang. Machen sich Teile der Gesellschaft auf die Suche nach einem neuen Führer und Versorger, der die in ihn gesetzten übermenschlichen Erwartungen nicht mehr enttäuscht? Oder wächst die Bereitschaft der Menschen, sich politisch zu engagieren, einen eigenen Standpunkt zu entwickeln und Mitverantwortung zu übernehmen? Das bedeutet aber auch das Ende der saturierten Bequemlichkeit, die die Vorstufe des Todes und der Feind jeder Entwicklung ist. Freiheit und Lebensfreude gibt es nicht im Abo, sie sind eben nicht gottgegeben, sondern menschengemacht und müssen immer wieder neu erkämpft werden.

Statt cooler Gleichgültigkeit, Delegation von Verantwortung und Meinungsinzest in der Echokammer, ist jetzt ein wachsames Interesse an der Welt da draußen, auch wenn sie beunruhigend ist, gefordert. Bernd Ulrich sieht in seinem Buch »Guten Morgen, Abendland« in dieser erwachsenen Haltung auch eine »große Befreiung«: »Das krampfhafte Verdrängen von Lebenstatsachen, das stammelnde Staunen, wenn man vor den ungewollten Folgen der eigenen Politik steht, die bestürzende Unkenntnis des ewigen weißen Touristen – man wird besser leben ohne all das.«[29] Das bedeutet für ihn und für uns aber auch: »Abschied von Dogmen und schlechten

Gewohnheiten, ein paar Dinge über die anderen lernen, hinhören, hinschauen, ein bisschen teilen, entschieden sein bei den eigenen Werten, wehrhaft sein für alle Fälle. Alles keine Hexenkunst.«

Letztlich kommt es auf vier Aspekte an, die sich gegenseitig bedingen: *erstens* auf die Entwicklung einer eigenen politischen Haltung, die als innerer Kompass in einer komplexen Welt fungieren kann; *zweitens* auf die Bereitschaft, sich mit der Realität in ihrer ganzen Vielgestaltigkeit und Widersprüchlichkeit auseinanderzusetzen; *drittens* auf den Mut zum Streit, der aber *viertens* mit der Bereitschaft verbunden ist, den eigenen Standpunkt immer wieder zu hinterfragen und einen Perspektivwechsel vornehmen zu können.

Hass oder Empörung?

Ein eigener Standpunkt kann sich, wie es im Wort bereits anklingt, schwerlich im Dauerlauf entwickeln. Er braucht die Bereitschaft, innezuhalten und eine Zeitlang aus dem Hamsterrad der sich täglich perpetuierenden Aufgaben und Anforderungen auszusteigen. Dehnungsfugen im Alltag, unverplante Zeiten und Zustände der Langeweile erlauben es, unsere Gedanken umherschweifen zu lassen und zur Besinnung zu kommen. Das fällt oft schwer. Denn die besinnungslose Betriebsamkeit ist eine moderne Form der produktiven Selbstnarkose und der blinden Gefolgschaft. Sie ermöglicht, sich durch permanentes Arbeiten oder Konsumieren buchstäblich besinnungslos zu machen und die ungelösten Probleme, die eigenen Ängste und Sehnsüchte und die Welt da draußen effizient auszublenden. Die besinnungslose Betriebsamkeit ist erschöpfend, das Innehalten jedoch schöpferisch. Es konfrontiert uns mit den offenen Fragen und den eigenen Widersprüchen. Das ist erst einmal unbequem und aufstörend, aber es erzeugt auch eine produktive Form der Aufgewühltheit. Wir verspüren auf einmal, was uns wirklich wichtig und bedeutsam ist und wofür wir einstehen wollen. Das Innehalten begründet daher eine innere Haltung.

Das Innehalten soll sich daher auch nicht in einer neuen Innerlichkeit, in der bloßen Besinnung, in der Analyse und im Verstehen erschöpfen. Verstehen heißt weder, eine Sache einfach hinzunehmen, noch, ruhig stehen zu bleiben. Verstehen bedeutet vielmehr, sich mit einer Sache auseinanderzusetzen, um dann eine entschiedene Haltung für oder wider sie zu beziehen, die dann auch beherzt artikuliert werden kann. Es ist auf Handlung, auf Umsetzung und auf sinnvolle und vor allem wirkungsvolle Eingriffe bezogen. Wer versteht, kann besser und zielgerichteter handeln. Darum bevorzugen die meisten Menschen auch einen Arzt oder Therapeuten, der sie erst untersucht und dann erst behandelt.

Die Entwicklung eines eigenen Standpunktes bedeutet nicht, cool und gleichgültig zu sein und sich still zu verhalten, sondern sich einzumischen, aufzubegehren und sich zu empören – ein Zeichen zu setzen gegen die Konsensverschiebung, gegen die Verrohung der Sprache, gegen Menschenfeindlichkeit und den Vormarsch der infantilen Prinzipien. Die nächsten Monate und Jahre werden zeigen, ob wir wirklich bereit sind, im Alltag die Komfortzone zu verlassen und aufzustehen, täglich einzugreifen gegen Ungerechtigkeit, Borniertheit oder Menschenverachtung.

Die Empörung, die Leidenschaft für eine Sache, läuft aber auch Gefahr, in Hass umzuschlagen und damit den eigenen Kampf für Aufklärung, Vernunft und erwachsene Prinzipien zu konterkarieren. Es ist und bleibt höchst verlockend, die eigene Empörung und Durchschlagskraft durch Abkürzungen, einfache Gut-böse-Schemata und pauschale Abwertungen zu vergrößern. Aber müssen auf Demonstrationen für Klimaschutz, Menschenwürde oder für ein demokratisches und vereintes Europa die Andersdenkenden als »Pack, Idioten oder Dunkeldeutschland« abgewertet werden? Damit verfestigt man eher die Andersdenkenden und irritiert die Schwankenden, da das eigene Tun die Sache pervertiert. Der Zweck kreuzigt die Mittel. Toleranz und Menschlichkeitsappelle sind nicht glaubhaft, wenn nicht auch die politischen Gegner wie Menschen behandelt werden.

Ewigkeitsanspruch oder Entwicklungsrisiko?

Zu den infantilen Prinzipien gehören auch die Ewigkeitsansprüche, die den Menschen die Angst vor der Zukunft nehmen sollen. Fundamentalistische Erlösungsutopien versprechen daher bereits auf Erden paradiesische Konstanz und absolute Unverwandelbarkeit. Alles kann und soll so bleiben, wie es ist. Denn die bestehende Ordnung ist in Stein gemeißelt und hat Gültigkeit für alle Zeiten und für alle Menschen.

Eine Variante dieses Ewigkeitsanspruches ist die deutsche Sehnsucht nach der permanenten Gegenwart. Beharrung und Besitzstandswahrung, die Abschottung des deutschen Auenlandes im Hier und Jetzt, waren lange Zeit Ausdruck eines deutschen Gegenwartsfundamentalismus, der mitunter mit einem Glücksabsolutismus verbunden ist. Der Anspruch nach einem ewigen und stets erfüllten Vollkaskoleben, in dem ein Höhepunkt dem nächsten folgt, erzeugt aber letztlich Unzufriedenheit, Überdruss und bleierne Saturiertheit. »Nichts ist schwerer zu ertragen als eine Reihe von guten Tagen«, befand bereits Goethe.

Glück ist kein Dauerzustand, sondern allenfalls eine Übergangserfahrung. Glück ereignet sich in glücklichen Augenblicken, wenn wir spüren, dass sich eine Problemlage auflöst, wenn ein lange gehegter Wunsch in Erfüllung geht, wenn ein schwieriges Projekt buchstäblich glückt oder wenn wir uns endlich einem Ziel annähern. Nicht die Konstanz, sondern die Wechselfälle des Lebens bescheren uns die kleinen Glücksmomente im Alltag. Erfüllung, die den Augenblick zum Verweilen auffordert, sieht Goethe daher in seiner faustischen Sinn- und Glücksuche in seiner Vision von einem freien Volk auf einem freien Land. Nichts ist dort für immer gegeben, sondern jeden Tag aufs Neue muss dieses Volk seine Freiheit und seine Zukunft gewinnen – gegen die Übermacht der Meeresfluten, die das Land bedrohen.

Entwicklungen lassen sich nicht abkürzen. Sie bieten keine automatische Gelinggarantie, sondern sie bergen immer auch die Gefahr des Scheiterns. Sie kommen auch nie zu einem ewig andauernden guten und finalen Ende. Im Wandel der Welt kann aus Wohltat mit der Zeit Plage werden. Es bleibt eine lebenslange Aufgabe für den Einzelnen wie für die Gesellschaft, die ewigen Widersprüche des Lebens immer wieder neu wahrzunehmen, auszuhandeln und zu vermitteln. Selbst die technologischen Fortschritte versprechen keine endgültigen Lösungen. Entwicklung erfordert daher Demut, die Kleinschrittigkeit und analoge Mühseligkeit des Alltags anzunehmen. Und sie benötigt den Mut zum Risiko, die Bereitschaft sich zu trauen, den Sprung in die Ungewissheit der Zukunft zu wagen.

Blinder Optimismus oder Zweckpessimismus?

Die Bereitschaft, der Zukunft und den damit einhergehenden Entwicklungen mutig und positiv zu begegnen, wird gemeinhin als Optimismus bezeichnet. Die Deutschen gelten bekanntlich nicht als das Mutterland des Optimismus. Die sogenannte »German angst« weist darauf hin, dass man hierzulande eher skeptisch in die Zukunft blickt. Aber wie begegnet man am besten der Zukunft? Und gibt es eine typisch deutsche Art und Weise, die Herausforderungen der Zukunft anzugehen? Eine tiefenpsychologische Studie des rheingold-Instituts zeigt[30], dass es fünf unterschiedliche Spielarten des Optimismus gibt, die jeweils Vor- und Nachteile haben. Die Deutschen haben dabei in ihrer jüngeren Geschichte einen heimlichen Optimismus oder besser gesagt Zweckpessimismus entwickelt, der sich stark vom Zweckoptimismus der Amerikaner unterscheidet.

Optimismus ist also nicht gleich Optimismus. Zudem ist Optimismus auch keine für immer festgelegte Eigenschaft eines Landes oder einer Person, sondern eine situationsabhängige Haltung, die durchaus erlernbar ist und sich im Laufe der Zeit wandeln kann. Die Besonderheit des deutschen Optimismus lässt sich am besten im Abgleich mit den anderen Formen des Optimismus verdeutlichen.

Die vielleicht produktivste Form des Optimismus ist der *gesunde Optimismus.* Angesichts einer ungewissen Zukunft agiert er weder prompt noch blindwütig, sondern er hält erst einmal inne. Sorgfältig werden die Chancen, aber auch die Gefahren geprüft. Vom Ausgang dieser Realitätsprüfung hängt ab, mit welcher Strategie und welchem persönlichen Einsatz man handelt. Mit großer Beweglichkeit verfolgt man seine Ziele, behält aber dabei stets die Machbarkeiten im Blick. Diese maßvolle Risikobereitschaft, gepaart mit gesundem Menschenverstand, Lebenserfahrung und geistiger Flexibilität, machen den gesunden Optimismus langfristig sehr erfolgreich.

Der *blinde Optimismus* hingegen ist die gefährlichste Spielart. Er zeigt die infantilen Züge der fundamentalistischen Besessenheit, denn er nimmt zwar die möglichen Chancen wahr, blendet aber die eventuellen Risiken aus. Er macht sich blind für alle Hindernisse oder Probleme, die seinen Handlungselan bremsen könnten. Dadurch entwickelt er eine ungeheure Überzeugungs- und Stoßkraft, die, wie Donald Trump derzeit beweist, auch große Teile der Bevölkerung mitreißen können. Allerdings ist die Gefahr groß, dass er blindlings ins Verderben rennt. Er nimmt keine Rücksicht auf sich, seine Gesundheit oder seine Umwelt. Gestoppt werden kann er kaum, er endet oft mit seinem eigenen Untergang.

Der *Zweckoptimismus* hingegen nimmt zwar die Risiken wahr, er konzentriert sich jedoch mit Eifer und Elan auf die Chancen. Er will trotz der wahrgenommenen Hindernisse oder der geringen Erfolgsaussichten an seinen Zielen festhalten. Den Zweckoptimismus fand man bislang häufig in den USA. Die demonstrative Zuversicht »Yes, we can« entfaltet im positiven Sinne eine große Tatkraft. Auch der Zweckoptimismus ist in der Lage, andere mitzureißen. Oft erntet er dafür Bewunderung. Langfristig läuft er aber auch Gefahr, in eine demonstrative Verbissenheit zu geraten. Der feste persönliche Durchhaltewille kostet viel Energie und birgt auf lange Sicht ein Burn-out-Risiko.

Die *optimistische Schicksalsergebenheit* ist die bequemste Spielart des Optimismus. Sie bezieht eine fatalistische Haltung, die davon ausgeht, dass man auf den Lauf der Dinge sowieso keinen großen Einfluss hat. In Köln wird diese Haltung als »Et kütt, wie et kütt«, »es kommt, wie es kommt«, beschrieben. Dadurch sorgt man dafür, dass man sich durch eigene Visionen oder Ziele nicht in Zugzwang bringen lässt. Dennoch will man seine Ziele nicht aufgeben und hofft voller Zuversicht, dass die Dinge ohne das eigene Zutun den gewünschten Lauf nehmen. In der Kölner Lesart: »Et hätt noch immer jot jejange« – »es ist noch immer gut gegangen«. Dieser Blanko-Vertrauensvorschuss in das Schicksal nimmt den Einzelnen letztlich aus der persönlichen Verantwortung für seine Entwicklung. Die optimistische Schicksalsergebenheit birgt oft eine unbeschwerte und charmante Dulderqualität, sie läuft aber auch Gefahr, bestehende Chancen immer wieder zu verpassen.

In Deutschland herrscht oft ein *Zweckpessimismus*. Er wird von der Sorge getrieben, Besitzstände verlieren zu können. Bei der Realitätsprüfung werden daher die Risiken stärker wahrgenommen als die möglichen Chancen. Mitunter antizipiert man in der Logik einer Enttäuschungsprophylaxe lieber eine negative Entwicklung. So sorgt man dafür, dass man bei ausbleibendem Erfolg nicht frustriert wird. Die Erwartungen und damit der Gelingensdruck werden also von vornherein klein gehalten. Dadurch verströmt der Zweckpessimismus eine zweifelnde Zaghaftigkeit, die bei uns besonders verbreitet ist. Jedem Anfang wohnt nach Hermann Hesse ein Zauber inne. Bezogen auf den deutschen Zweckpessimismus müsste es heißen: Jedem Anfang wohnt ein Zauder inne. Aber dieses Zaudern ist letztendlich eine produktive Strategie des Optimismus. Denn die sorgfältige Auseinandersetzung mit den Risiken ist wahrscheinlich gerade in der jetzigen Zeit des Umbruchs sehr wichtig. Der schöpferische Zweifel kann im besten Sinne ein Motor sein, der den Einzelnen und das Land immer wieder antreibt, die Welt durch neue Problemlösungen und Erfindungen sicherer, besser und berechenbarer zu machen. Die Hoffnung ist berechtigt, dass nach all den

Jahren des Zauderns und Zweifelns, der skeptischen Verzagtheit ein produktives Erwachen erfolgt, das die Anforderungen der Zukunft nicht blind aufgreift, sondern beherzt erfüllt.

Abschottung oder Auseinandersetzung?

Die Weichenstellung der nächsten Jahre wird sein: Setzen wir auf Abschottung sowie auf Germany first und träumen von einer Rückkehr in eine scheinbar bessere, einfachere und beschaulichere Vergangenheit? Oder haben wir den Mut, uns den Risiken und Ungewissheiten einer globalisierten und immer komplexer werdenden Welt zu stellen, zu der auch die Flüchtlinge, das Fremde und die Fremden gehören?

Die Auseinandersetzung mit dem Fremden und Unvertrauten muss dabei nicht zum Verlust der deutschen Werte und Lebensstile führen. Sie birgt sogar die Chance einer Selbstvergewisserung unserer liberalen Gesellschaft, die schon lange vor der Flüchtlingskrise ihren Sinn, ihre ideelle Heimat, die Wertschätzung von Freiheit und Sicherheit in einem Meer von Beliebigkeit zu verlieren im Begriff war. Denn mit den Flüchtlingen und den Umbrüchen der Zukunft rücken jetzt unverzichtbare Fragen in den Blick, die wir beim Bau einer neuen Heimat berücksichtigen und beantworten müssen: Wer sind wir? Was sind unsere Werte? Worauf sind wir stolz? Was wollen wir erhalten? Und was entwickeln? Die anstehenden Herausforderungen bergen die Chance, auch die Notwendigkeit, unsere Ideale und Regeln neu zu definieren und festzuschreiben. Die Auseinandersetzung mit diesen Fragen führt nicht zum gesellschaftlichen Selbstverlust, sondern zu einer gestärkten Selbstbewusstheit.

Deutschland ist und war erfolgreich und erfinderisch, weil es sich im Herzen Europas meist nicht abgeschottet und eingeigelt hat, sondern offen und bereit war, sich an dem Fremden zu reiben. Zuckmayer entwickelt in seinem Stück »Des Teufels General« einen Gegenentwurf zum Ideal der Rassenreinheit des Dritten Reiches. Als besondere Stärke Deutschlands sieht er, dass die Deutschen eben nicht inzestuös »unter sich« geblieben sind. In Deutschland haben sich die Völker getroffen, gestritten, gemischt, miteinander gesoffen und Kinder gezeugt. Der Streit und die produktive Auseinandersetzung der Kulturen in der deutschen »Völkermühle« sind für ihn das Erfolgsrezept: »(…) und der Goethe, der kam aus demselben Topf, und der Beethoven und der Gutenberg. Es waren die Besten, mein Lieber! Die Besten der Welt! Und warum? Weil sich die Völker dort vermischt haben. Vermischt – wie die Wasser aus Quellen und Bächen und Flüssen, damit sie zu einem großen, lebendigen Strom zusammenrinnen.«

Gesellschaftliche Einigkeit und Erfolg sind nicht in einer gemeinsamen Herkunft begründet. Sie finden sich vielmehr in gemeinsamen Zielen und Werken. Und wenn diese gemeinsamen Ziele existieren, sind Unterschiede, das Fremde und Andere, geradezu förderlich, wie der deutsche Erfolg bei der Fußballweltmeisterschaft 2014 gezeigt hat: Sie leisteten einen wichtigen Beitrag für die Entwicklung einer neuen Spielkultur, die Athletik und Ästhetik verbindet, die effizient und berauschend ist.

Das Fremde und Andere bringt eine produktive Ergänzung und Spannung in das Leben, die eine sattsame Starre und Selbstgenügsamkeit verhindert. Geistiger Austausch, die Reibung mit anderen Kulturen, der Perspektivwechsel sind erwachsene gesellschaftliche Produktivkräfte, die dafür sorgen, dass eine Nation nicht in die Stagnation gerät, sondern lebendig und schöpferisch bleibt.

Anmerkungen

1 Auf Basis der von Wilhelm Salber an der Universität zu Köln entwickelten morphologischen Psychologie

2 Projektleitung der Studie: Jasmin Volk und Stephanie Morzinek

3 Wilhelm Salber: Psychologische Märchenanalyse, Bouvier Verlag 1987, S. 134

4 rheingold-Eigenstudien zur Bundestagswahl 2017

5 Andreas Reckwitz: Die Gesellschaft der Singularitäten. Strukturwandel der Moderne, Suhrkamp 2017, S. 277

6 In einem unveröffentlichten Vortrag auf der Gesellschaft für psychologische Morphologie

7 Martin Schröder: Warum es uns nie so gut ging und wir trotzdem ständig von Krisen reden, Benevento Verlag 2018, S. 44

8 Zwischen Angst und Verheißung – wie erleben Menschen die Digitalisierung der Arbeitswelt? Studie des rheingold-Instituts zur Bedeutung und zum Stellenwert von Arbeit in der digitalen Zukunft, Köln 2018, Projektleitung: Jasmin Volk

9 Siehe auch Publikation der Bertelsmann-Stiftung »Generation Wahl-O-Mat. Fünf Befunde zur Zukunftsfähigkeit der Demokratie im demographischen Wandel«, Gütersloh 2015, Projektleitung: Claudia Ramrath

10 Kapitel 1 »Der Verlust der Leidenschaft – Die coole Gleichgültigkeit als Lebensprinzip«

11 Eduard Kaeser: Das postfaktische Zeitalter. Googeln statt Wissen. In: NZZOnline, 22. August 2016

12 Beurteilung der Glaubhaftigkeit von Aussagen. In: Udo Undeutsch (Hrsg.): Forensische Psychologie (in Handbuch der Psychologie. Band 11), Verlag für Psychologie 1967, S. 26–181

13 Studie zur Bedeutung der Tagesschau und der Rezeptionsverfassung um Viertel vor acht für ARD Werbung, Sales und Services, Frankfurt 2017, Projektleitung: Nicole Hanisch

14 Projektleitung: Nicole Hanisch

15 Dirk Blothner: Das geheime Drehbuch des Lebens – Kino als Spiegel der menschlichen Seele, Bastei Lübbe 2003

16 In seiner Schrift »Das Unbehagen in der Kultur«

17 rheingold-Eigenstudie über die Bedeutung und Nutzung von Alexa im Alltag, durchgeführt von Sebastian Buggert, Köln 2017

18 rheingold-Multiclient-Studie, durchgeführt von Frank Quiring 2015

19 Dirk Blothner: Flirten – Spiel mit dem Feuer, in: Zwischenschritte, Beiträge zur einer morphologischen Psychologie 2/1986, S. 64

20 Qualitative Untersuchung zu »Women Emporement«. Eine rheingold-Studie, erstellt für Brandzeichen und Procter & Gamble, Projektleitung: Birgit Langebartels

21 rheingold-Studie zur Wirkung und Funktion von Happinez im Auftrag des Bauer Verlages, Projektleitung: Jasmin Volk

22 »Fordernde Könige oder gefangen in der Überforderung? Kinderstudie zum Alltags-Erleben der Kinder«, eine tiefenpsychologische rheingold-Studie, erstellt für den Stern, Projektleitung: Birgit Langebartels

23 Wilhelm Salber: Psychologische Märchenanalyse, Bouvier Verlag 1987, S. 87 ff.

24 rheingold-Eigenstudie 2018, Die Helden der Kindheit, Projektleitung: Birgit Langebartels

25 rheingold-Eigenstudie 2016, Funktion und Bedeutung von YouTube, Projektleitung: Judith Behmer

26 Bei einem Treffen der morphologischen Kulturrunde im rheingold-Institut

27 Wilhelm Salber: Seelenrevolution, Bouvier Verlag 1993, S. 20 ff.

28 rheingold-Eigenstudie 2018, Projektleitung: Nicole Hanisch

29 Bernd Ulrich: Guten Morgen, Abendland, Kiepenheuer & Witsch, 2017, S. 255

30 Für den »Club der Optimisten e. V.«, der sich für ein positives Denken in Gesellschaft und Wirtschaft einsetzt, Projektleitung: Sabine Loch

Dank

Das Schreiben eines Buches ist für mich trotz aller damit verbundenen Krisen und Zweifel eine beglückende Erfahrung. Ich habe die Möglichkeit, mich für fast ein ganzes Jahr aus vielen Alltäglichkeiten auszuklinken und mich vor allem einem Thema zu widmen. Ob meine Umwelt in dieser Zeit die gleichen Beglückungsmomente erlebt, ist mehr als fraglich. Sie erlebt mich entweder gar nicht, weil ich mal wieder in die Buchwelt abgetaucht bin, oder aufgewühlt, weil das Thema des Buches auch in den gemeinsamen Alltag abstrahlt. Daher ist es mir wichtig, mich bei allen zu bedanken, die mich in den letzten Monaten produktiv begleitet oder verständnisvoll ertragen haben.

Mit meiner Frau Katharina Grünewald konnte ich die Grundideen jedes Kapitels im Vorfeld vertiefend diskutieren. Ihr verdanke ich viele konstruktive Anregungen im Hinblick auf die Dramaturgie und den Grundton des Buches. Meine Partner im rheingold-Institut – Judith Behmer, Johannes Dorn, Heinz Grüne, Hajo Karopka und Stephan Urlings – haben mir über Monate den Rücken freigehalten und dem Buch durch ihre Forschungsarbeit viele wertvolle Impulse gegeben. Dr. Wolfram Domke, der Leiter der rheingold-Akademie, hat mich im Hinblick auf die morphologische Grundkonstruktion des Buches sehr gut unterstützt. Ein besonderer Dank gilt den festen und den freien Mitarbeitern des rheingold-Instituts, die in den letzten drei Jahren über fünfhundert psychologische Studien durchgeführt haben. Ohne die diesen Forschungsprojekten zugrunde liegenden Tiefeninterviews und Analysen hätte ich dieses Buch nicht schreiben können.

Besonders hervorheben möchte ich auch meinen Onkel Dr. Günter Friedrich, der bisher alle meine Bücher mit kritischem Zuspruch begleitet hat. Auch diesmal durfte ich mich von seiner universalen Bildung und unermüdlichen intellektuellen Spannkraft inspirieren lassen. Äußerst produktiv, kompetent und gewinnend habe ich auch die Zusammenarbeit mit meinem Lektor Martin Breitfeld erlebt. Helge Malchow, der scheidende Verleger von KiWi, hat durch seinen Zuspruch und durch sein Engagement das Buch erst ermöglicht. Ein herzliches Dankeschön möchte ich schließlich noch meinem Vater Manfred Grünewald für das sorgsame und aufmerksame finale Korrekturlesen des Manuskriptes und meiner Kollegin Judith Behmer für ihre tollen Analysen zur Titelwahl und Covergestaltung zurufen.

Literatur

Becker, Gloria: *Kontrolle und Macht*, Bonn 2010

Dieselbe: *Liebe und Verrat*, Bonn 2010

Dieselbe: *Soll ich – soll ich nicht?*, Köln 2012,

Blothner, Dirk: *Erlebniswelt Kino*, Bergisch Gladbach 1999

Derselbe: *Das geheime Drehbuch des Lebens*, Bergisch Gladbach 2003

Dorn, Thea; Wagner, Richard: *Die deutsche Seele*, München 2011

Eggers, Dave: *Der Circle*, Köln 2014

Ellias, Norbert: *Über den Prozess der Zivilisation*, Frankfurt am Main 1976

Foucault, Michel: *Wahnsinn und Gesellschaft*, Frankfurt am Main 1973

Freud, Anna: *Das Ich und die Abwehrmechanismen*, Frankfurt am Main 1984

Freud, Sigmund: *Das Unbehagen in der Kultur*, In: Ges. Werke XIV. 1930

Derselbe: *Studienausgabe Band II. Die Traumdeutung*, Frankfurt am Main 1982

Derselbe: *Die Traumdeutung / Über den Traum. Gesammelte Werke 2/3*, Frankfurt am Main 1999.

Friedell, Egon: *Kulturgeschichte der Neuzeit*, Bd. 1. 13. Aufl., München 1999

Gelernter, David: »Wie wir mit unserem Leben in Verbindung bleiben«, in: *Frankfurter Allgemeine Zeitung*, 1. März 2010.

Derselbe: »Ein Geist aus Software«, in: *Frankfurter Allgemeine Zeitung*, 15. Juni 2010.

Goethe, Johann Wolfgang: *Faust I*, Stuttgart 1971
Grimms Märchen, Frankfurt am Main/Leipzig
Gritzmann, Eva; Scheck, Denis: *Solons Vermächtnis*, München/Berlin 2015
Grünewald, Katharina: *Glückliche Stiefmutter – Gut zusammen leben in Patchworkfamilien*, Freiburg 2018
Grünewald, Stephan: *Deutschland auf der Couch*, Frankfurt am Main 2006
Derselbe: *Köln auf der Couch,* Köln 2008
Derselbe: *Die erschöpfte Gesellschaft*, Frankfurt am Main 2013
Hofstetter, Yvonne: *Sie wissen alles*, München 2014
Houellebecq, Michel: *Unterwerfung*, Köln 2015
Minkmar, Nils: *Der Zirkus,* Frankfurt am Main 2013
Land, Karl-Heinz: *Erde 5.0 Die Zukunft provozieren*, Köln 2018
Maaz,Hans-Joachim: *Das falsche Leben*, München 2017
Meurer, Franz; Ott, Jochen; Sprong, Peter: *Rheinischer Kapitalismus*, Köln 2014
Münkler, Herfried: *Die Deutschen und ihre Mythen*, Hamburg 2010
Reckwitz, Andreas: *Die Gesellschaft der Singularitäten*, Berlin 2017
Salber, Daniel (Hrsg.): *Haus aus Zeit: Wilhelm Salber 1928–2016,* Bonn 2017
Derselbe: *Wider den Moneytheismus. Vom Elend der »Globalisierung« zur Wiederbelebung Europas*, Bonn 2016
Salber, Wilhelm: *Wirkungseinheiten*, Köln 1981
Derselbe: *Der Alltag ist nicht grau*, Bonn 1989
Derselbe: *Seelenrevolution*, Bonn 1993
Derselbe: *Traum und Tag*, Bonn 1997
Derselbe: *Psychologische Märchenanalyse*, Bonn 1987
Derselbe: »Traum-Psychologie«, In: Linde Salber und Armin Schulte (Hrsg.): *Traum, Träume, Träumen. Zwischenschritte 19,* 1/2001
Schröder, Martin: *Warum es uns nie so gut ging und wir trotzdem ständig von Krisen reden*, Wals bei Salzburg 2018
Sedláček, Tomáš: *Die Ökonomie von Gut und Böse*, München 2012

Simmel, Georg: *Philosophie des Geldes*, Frankfurt am Main 1989
Sprong, Peter: *Das befreite Wort*, Berlin 2011
Szymkowiak, Frank; Dammer, Ingo: *Gruppendiskussionen in der Marktforschung*, Opladen 1998
Ulrich, Bernd: *Guten Morgen, Abendland*, Köln 2017
Watson, Peter: *Der deutsche Genius*, München 2010
Welzer, Harald; Minkmar, Nils u. a.: *Denk mal!*, Frankfurt am Main 2017
Weidner, Jens: *Optimismus*, Frankfurt am Main 2017